HEYNE ‹

W0195824

Christina Zacker

Richtiges Verhalten
im **Trauerfall**

Kondolenzbriefe, Todesanzeigen,

Trauerreden und

Beileidsbezeugungen

WILHELM HEYNE VERLAG
MÜNCHEN

Der Verlag hat sich bemüht alle Rechteinhaber der Zitate ausfindig zu machen. Trotz intensiver Recherche konnten jedoch nicht alle ermittelt werden. Der Verlag ist selbstverständlich bereit, berechtigte Forderungen abzugelten.

Umwelthinweis:
Dieses Buch wurde auf
chlor- und säurefreiem Papier gedruckt.

Originalausgabe 06/2005

Copyright © 2005 by Wilhelm Heyne Verlag, München,
in der Verlagsgruppe Random House GmbH
www.heyne.de
Printed in Germany 2005
Konzeption und Realisation:
ABC Medienagentur Miriam Schmidt, Augsburg
Redaktion: Angelika Lieke
Umschlaggestaltung: Eisele Grafik-Design, München
Satz: Christine Roithner Verlagsservice, Breitenaich
Druck und Bindung: GGP Media GmbH, Pößneck

ISBN 3-453-63001-7

Inhalt

Vorwort

Niemand spricht gerne über Sterben und Tod – und kaum jemand kann mit der Trauer seiner Mitmenschen gut umgehen. Nicht selten fühlen wir uns völlig hilflos, wenn wir – oft plötzlich und unerwartet – damit konfrontiert werden.

Vielleicht stirbt ein lieber Verwandter, vielleicht wird nach langer Krankheit der beste Freund von seinem Leiden erlöst, vielleicht verunglückt ein Kollege tödlich, mit dem man eng zusammengearbeitet hat. Fast jeder, der mit dem Tod auf die eine oder andere Weise hautnah in Berührung kommt, fühlt eine seltsame Scheu in sich, mag sich oft nicht mit diesem Unerklärlichen befassen. Wer unmittelbar betroffen ist, muss außerdem mit dem Verlust eines geliebten Menschen fertig werden: Trauer ist ein Gemütszustand, der besonders verletzlich macht.

Themen wie Trauer und Bestattung gelangen heute oft nur noch selten über pragmatische Routine hinaus. Inzwischen bestimmen weitgehend fest strukturierte Abläufe unseren Umgang mit dem Tod. Denn der gehört – wie die Trauer – zu den großen Tabuthemen unserer Zeit. Im allgemeinen Schönheits- und Jugendwahn unserer schnelllebigen Gesellschaft haben Verfall und Sterben wenig Raum, denn sie erinnern uns nur zu deutlich daran, dass viele von uns einer Illusion nachjagen und dass wir letztendlich alle sterblich sind.

Gerade weil dies so ist, treffen Trauernde häufig auf wenig Verständnis für ihren Schmerz. Vor allem, wenn es ihnen nicht gelingt, innerhalb kurzer Zeit wieder zur Tagesordnung und zur Alltagsroutine zurückzukehren, sondern sie mehr Zeit brauchen, um ihren schmerzlichen Verlust zu verarbeiten.

Dieses Buch soll all jenen weiterhelfen, die direkt oder indirekt von einem Todesfall betroffen sind: Dies sind zum einen die trauernden Hinterbliebenen, die nicht nur einen herben Schicksalsschlag erlitten haben, sondern darüber hinaus eine Bestattung und eine Trauerfeier planen und organisieren müssen. Ihnen obliegt es, eine Todesanzeige oder einen Trauerbrief zu verfassen, vielleicht sogar eine Ansprache bei der Bestattungsfeier zu halten. Sie finden hierzu zahlreiche Informationen sowie Mustertexte für Todesanzeige, Trauerbrief, Trauerrede und Danksagung.

Zum anderen sollen auch die Kondolierenden Unterstützung bekommen, die sich einer Situation stellen müssen, die für keinen von uns einfach zu handhaben ist: das mündliche Kondolieren, das Verfassen eines Kondolenzschreibens, das Erstellen einer Trauerrede, die Unterstützung der Hinterbliebenen.

Abgerundet wird dieser Ratgeber durch viele zusätzliche Informationen:

■ Tipps zum richtigen Verhalten im Trauerfall – bei der Beisetzung, beim Leichenschmaus – sowohl für Trauernde als auch für Kondolierende

- Anlaufstellen und Adressen für den Fall, dass Kinder und Jugendliche bzw. Eltern vom Tod eines geliebten Menschen betroffen sind

- eine umfangreiche Zitatensammlung zum Thema Tod und Trauer, die es Ihnen erleichtern sollte, die passenden Worte für Anzeigen, Briefe, Reden oder Danksagung zu finden.

Christina Zacker
Lissabon/Cascais, im Januar 2005

KAPITEL 1

Was gleich nach dem Todesfall zu erledigen ist

Bei einem Trauerfall muss an viele Dinge gedacht werden. Deshalb ist es sicherlich wichtig, so früh wie möglich wenigstens ungefähr zu wissen, was auf einen zukommen kann. Denn beim Tod eines Menschen ist es wie bei seiner Geburt: Kommt oder geht man, so folgen unweigerlich schier endlose Gänge auf Ämter und Behörden, müssen Urkunden und Schriftstücke erstellt werden, und die Bürokratie scheint wichtiger als alle menschlichen Aspekte. Bei einem Todesfall ist dies alles in einer Situation zu bewältigen, in der man als Betroffener von Leid und Schmerz bewegt ist und kaum weiß, was alles zu tun ist. Kein Wunder, dass die meisten die ganze Angelegenheit in die bewährten und routinierten Hände eines Bestattungsinstituts legen.

Routine oder Individualität?

Bestattungsinstitute sind Profis in Sachen Beerdigung. Sie organisieren alles, was mit Bestattung und Trauerfeier zusammenhängt. Das ist praktisch und einfach für jeden, der mit dem schmerzlichen Verlust eines geliebten Menschen umzugehen hat und sich deshalb kaum auf die kleinsten alltäglichen Aufgaben konzentrieren kann, geschweige denn auf all jene Dinge und Details, die im Zusammenhang mit einem Todesfall, der Beerdigung und einer Trauerfeier zu erledigen sind. Dazu weiter unten mehr.

Sie sollten sich allerdings darüber im Klaren sein: Wie überall gibt es auch im Dienstleistungsbereich der Beerdigungsinstitute »schwarze Schafe«, die keinerlei Scheu davor haben, die Trauer und den Schmerz der Angehörigen auszunutzen, um möglichst großen Profit zu machen. Da wird dann eben ein besonders kostbarer Sarg empfohlen, obwohl eine Feuerbestattung angesetzt ist. Da werden viele vermeintliche Kleinigkeiten erwähnt, die sich letztendlich zu einer großen Summe addieren, die von keiner Versicherung mehr gedeckt ist – weil ein cleverer Bestatter eben genau weiß, dass ein Trauernder aus Gründen der Pietät selten nachfragt, was da alles zusammenkommt und ob der Endbetrag nicht den finanziellen Rahmen sprengt, den die Hinterbliebenen zur Verfügung haben.

Es kann daher besser sein – und durchaus im Sinne der Familie –, einen Vertrauten aus der Verwandtschaft oder dem Freundeskreis mit der Ausrichtung von Beerdigung und Trauerfeier zu beauftragen. Selbstverständlich kann und wird er wohl in den meisten Fällen auch mit einem Bestattungsinstitut zusammenarbeiten. Er kennt die Wünsche des Verstorbenen und der Familie aber oft besser als ein Fremder und kann sie daher eher umsetzen. Und er geht mit kühlerem Kopf an die Planung, als es vielleicht eine trauernde Witwe tun würde, deren Mann nach langjähriger Ehe gestorben ist.

Was Sie sofort tun müssen

▓ Bei Eintritt des Todes zu Hause, also innerhalb der eigenen vier Wände, rufen Sie bitte umgehend einen Arzt. Das kann Ihr Hausarzt sein oder ein Notarzt. Er wird die Todesbescheinigung und den Leichenschein ausstellen.

▓ Bei einem Sterbefall im Krankenhaus werden die entsprechenden Unterlagen dem zuständigen Standesamt direkt zugestellt.

▓ Der Sterbefall muss unter der Vorlage der Todesbescheinigung und des Leichenschauscheines spätestens am folgenden Werktag (außer Samstag) dem Standesamt im Sterbeort mitgeteilt werden. Zur weiteren Vorlage benötigt man noch das Familienstammbuch oder eine Geburts- oder Abstammungsurkunde, den Personalausweis, die Heiratsurkunde und bei verwitweten Menschen die Sterbeurkunde des Erstverstorbenen.

▓ Sie selbst benötigen – wenn Sie einen Sterbefall beim Standesamt anzeigen – Ihren Personalausweis oder Reisepass.

▓ Bitte melden Sie den Sterbefall auch Ihrem Pfarramt, dann können Sie die Bestattungsfestlichkeit mit dem zuständigen Geistlichen absprechen.

▓ Danach muss die Überführung des Toten zu einem Friedhof veranlasst werden. Dies erfolgt in der Regel über ein Bestattungsinstitut, und dieses übernimmt im Normalfall auch alle üblichen Behördengänge. Es regelt außerdem die Auswahl der Grabstätte (soweit kein Familiengrab vorhanden ist oder der Verstorbene in dieser Hinsicht bereits vorgesorgt hat). Spätestens zu diesem Zeitpunkt sollte feststehen, ob eine Erd- oder Feuerbestattung durchgeführt wird (dazu später mehr).

■ Weitere Erledigungen sind erst nach Erhalt der Sterbeurkunde möglich. Das heißt: Rente oder Pension neu beantragen, An- und Ummeldungen bei Banken, Versicherungen, Krankenkasse etc.

CHECKLISTE:

Was so bald wie möglich erledigt werden sollte

❑ Totenschein vom Hausarzt, Krankenhaus oder Notarzt

❑ Bestattungsunternehmen beauftragen

❑ Beerdigungstermin festlegen

❑ Trauerfeier planen

❑ Trauerkarten bestellen, Zeitungsinserat schalten

❑ Standesamt: Sterbeurkunde (mehrere Exemplare!) abholen

❑ Krankenkasse benachrichtigen

❑ Arbeitgeber anrufen

❑ Kirchengemeinde, Freunde, Vereine informieren

❑ Sonderurlaub beantragen

❑ Testament an Notar oder Nachlassgericht übergeben

❑ Lebensversicherung/Sterbekasse informieren

❑ Rentenversicherungsträger informieren

❑ Finanzangelegenheiten überprüfen

❑ Versicherungen/Abonnements/Mitgliedschaften kündigen bzw. umschreiben lassen

Was sonst noch zu tun ist

- ❑ Angehörige und Freunde benachrichtigen
- ❑ Beratung beim Erwerb eines Wahl- oder Reihengrabes (bei Erd- oder Feuerbestattung)
- ❑ Terminfestlegung bei Stadt oder Kirche für die Beerdigung/Trauerfeier
- ❑ Orgelspiel und evtl. sonstige musikalische Begleitung für die Trauerfeier bestellen
- ❑ Dekoration und Kerzenbeleuchtung für Trauerfeier in der Kapelle bestellen
- ❑ Sarggebinde bestellen
- ❑ Bestellung von Kränzen und Handsträußen
- ❑ Trauerbriefe und Danksagungen bestellen
- ❑ Adressen für Anschriften bei Trauerbriefen zusammenstellen
- ❑ Zeitungsanzeigen (Familienanzeige, Nachruf) bestellen
- ❑ dem Pfarrer oder einem Redner Kenntnis geben
- ❑ evtl. Imbiss (Trauerkaffee, Trauermahl) nach Beerdigung/Trauerfeier in einem Café, Restaurant oder einer Gaststätte bestellen
- ❑ Abrechnung mit der zuständigen gesetzlichen Krankenkasse
- ❑ Abrechnungen mit den Lebensversicherungen bzw. Sterbekassen

- Überbrückungsgeld (dreimonatige Rentenfortzahlung) bei der Rentenversicherungsstelle beantragen

- Abmelden der Rente bei der zuständigen Rentenberechnungsstelle

- Trauerkleidung besorgen

- Erbschein beantragen und Testament eröffnen lassen (evtl. Notar einschalten)

- Wohnung kündigen, Telefon abmelden und Zeitungen abbestellen

- Abmelden des Autos und der Kfz-Versicherung

- Versorgung der Haustiere

- Versorgung der Blumen und Pflanzen

- Umbestellung der Post

- Fenster verschließen (Stecker aus Steckdosen entfernen)

- evtl. Wachdienst für die Wohnung beauftragen

Wie informiert man andere von einem Todesfall?

Familienmitglieder und gute Freunde wird man zunächst einmal per Telefon benachrichtigen, wenn das problemlos möglich ist. Problemlos heißt in diesem Fall: wenn Sie sicher sind, dass der Empfänger die Nachricht voraussichtlich einigermaßen verkraften kann und man nicht um seine Gesundheit fürchten muss. Sie werden also Ihre betagte Großmutter besser nicht per Anruf vom Tod z. B.

eines ihr lieben Familienmitglieds oder einer Freundin informieren, die ihr in langen Jahren ans Herz gewachsen ist. Hier – aber eigentlich auch in allen anderen Fällen eng verbundener Familienmitglieder – sollten Sie die schlimme Nachricht persönlich überbringen. Und den anderen möglichst schonend informieren, ihm oder ihr auch sofort hilfreich zur Seite stehen.

In Zeiten moderner Kommunikation kann auch eine E-Mail das richtige Mittel sein, um jemanden möglichst schnell über einen Todesfall zu informieren. Das ist zwar sicher nicht das, was der »Knigge« empfehlen würde, aber manchmal einfach notwendig: wenn Sie beispielsweise Verwandte im Ausland haben, die Sie telefonisch schlecht erreichen können, von denen Sie aber wissen, dass sie regelmäßig ihre E-Mails abrufen. Vielleicht fallen Sie aber im Text nicht gleich mit der Tür ins Haus, sondern bitten den Empfänger der Mail, sich möglichst rasch wegen eines dringenden familiären Vorfalls bei Ihnen per Telefon zu melden.

Selbstverständlich kann und sollte man all jene Familienmitglieder und Freunde schriftlich informieren, die man nicht telefonisch erreicht oder bei denen die Information nicht so schnell erfolgen muss. Mustertexte dafür finden Sie am Ende dieses Kapitels.

Bitte niemals per Fax oder SMS!

Die Information über einen Todesfall per Fax ist schlicht und ergreifend undenkbar. Faxe sind – wie Postkarten – für jeden lesbar und deshalb für die Mitteilung einer solch persönlichen Angelegenheit unpassend. Dasselbe gilt auch für die SMS beim Handy! Auch wenn es heutzutage schon fast üblich ist, selbst Liebesbeziehungen mit einer lapidaren SMS zu beenden – für den Todesfall ist eine solche Kurzmitteilung absolut tabu. Die einzige Möglichkeit ist hier ähnlich wie bei einer E-Mail: Versenden Sie einen Text mit etwa dem Inhalt *»Ruf mich bitte sofort an!«* Oder: *»Melde dich bitte sofort bei mir (oder einer anderen Person)«* und danach evtl. einem Hinweis wie *»Es geht um Opa«*. Die direkte Todesnachricht zu übermitteln, wäre nicht nur stil- und geschmacklos, sondern verletzend.

Wie macht man Kindern den Tod begreifbar?

Kleine Kinder (etwa im Kindergartenalter) können sich unter den Begriffen Tod und Endgültigkeit nichts vorstellen. Erklären Sie es vielleicht so: »Papa ist tot – und das heißt, er kann nicht mehr essen, sehen, hören, Fußball spielen, lachen oder schimpfen. Jemand, der tot ist, geht nicht mehr ins Bett zum Schlafen, er hat keinen Hunger, ihm ist nicht kalt, und er hat auch keine Angst mehr.« Es ist normal, dass kleine Kinder ihre Fragen über den Tod wiederholen. Sie lernen ihre Welt kennen, indem sie immer wieder fragen und ihnen immer wieder geantwortet wird. Dies mag für den Elternteil, der den Tod des Lebenspartners oder eines Kindes betrauert, schwierig oder sogar unerträglich sein.

Tritt in der Familie ein Todesfall ein, erleben Kinder dies oft in hohem Maße als Kontrollverlust. Hilfreich kann es sein, wenn man ihnen eine dem Alter angemessene Wahlmöglichkeit gibt, auf welche Art und Weise sie sich an den Trauerritualen beteiligen. Meist neigen wir Erwachsenen dazu, Kinder und sogar Jugendliche bei der

Entscheidung und Planung darüber auszuschließen, wie eine Beerdigung oder Gedenkfeier gestaltet wird. Sie hier mit einzubeziehen gibt ihnen einerseits das Gefühl, dass wir ihre kindlichen Emotionen und Bedürfnisse anerkennen, und vor allem andererseits, dass wir sie ernst nehmen. Sprechen Sie mit Ihren Kindern viel über die Beerdigungsfeier, erklären Sie ihnen Ablauf und Umstände in verständlicher Sprache. Und dann sollte das Kind selbst entscheiden, ob es an der Beerdigungsfeier teilnehmen möchte oder nicht.

Bleiben Sie bei der Wahrheit – so schmerzlich es ist!

Es bringt nichts, einem Kind oder gar einem Jugendlichen die Wahrheit zu verheimlichen oder sie zu beschönigen. Sprechen Sie Klartext, wenn es um Tatsachen geht. Auch wenn die Umstände des Todes schlimm waren, selbst wenn es sich um einen Suizid oder ein Gewaltverbrechen handelt. Natürlich sind Sie behutsam in der Wortwahl, sprechen in altersgerechter Form – aber lügen Sie nicht! Das wäre falsch verstandene Barmherzigkeit und kein Schutz für die Kleinen, sondern eher für den Erwachsenen selbst.

- Einem Kind die Wahrheit zu verweigern, wird letztlich mehr Schmerz bedeuten, wenn die Realitäten ans Licht kommen. Und das werden sie früher oder später: weil Schulkameraden Bescheid wissen, weil ein Nachbar oder ein Familienangehöriger sich verplappert.

- Ihr Kind wird später zu Recht verletzt und verärgert sein, wenn Sie es nicht genügend respektiert haben. Wenn Sie aus einem falsch verstandenen Gefühl des Beschützen-Wollens heraus aus einem Selbstmord oder

Mord ein »Familiengeheimnis« machen und die sicher furchtbaren Tatsachen dem Kind verschweigen, verhindern Sie seinen und auch den eigenen offenen Umgang mit der Trauer und dem Schmerz des Verlustes.

■ Die Folgen sind einleuchtend: Kinder und Jugendliche werden sich früher oder später fragen, ob sie Erwachsenen überhaupt trauen können, wenn genau die Menschen gelogen haben, die ihnen am nächsten stehen. Solch ein Vertrauensbruch wird auch im späteren Leben bis ins Erwachsenenalter hinein Auswirkungen haben.

■ Überfordern Sie Kinder (vor allem kleinere Kinder) nicht mit Einzelheiten. Aber erzählen Sie ihnen das, was sie einfordern und woran sie interessiert sind.

■ Es ist bei keinem Todesfall leicht, die richtigen Worte zu finden. Deshalb finden Sie weiter unten einige Adressen von Vereinen und Organisationen, die Ihnen bei diesen Themen weiterhelfen können.

Wie sich kindlicher Kummer ausdrücken kann

Kinder haben eine andere Art, sich auszudrücken und Gefühle zu verarbeiten. Sie orientieren sich wenig an Konventionen und gesellschaftlichen Vorstellungen; sie lassen sich in ihrem Verhalten unmittelbar von Gefühlen leiten. Viele von uns Erwachsenen sind dadurch verunsichert. Denn wir haben meist eine genaue Vorstellung davon, wie Trauer aussehen sollte, und so sind wir besorgt, wenn ein Kind sich vielleicht anders verhält.

■ Das wichtigste kindliche Kommunikationsmittel ist sein Verhalten. Trauer ist eine sehr starke, intensive Erfahrung, die Energie im Körper entwickelt. Kinder drücken diese Energie durch Spielen und wilde Aktivitäten wie Rennen oder Schlagen aus, aber auch in ruhigeren Aktivitäten. Sie bemühen sich aber stets, ihre Welt und die Ereignisse darin durch Spielen zu verstehen.

■ Nicht immer drückt sich kindliche Trauer durch Weinen aus. Viele Kinder reagieren überhaupt nicht, wenn Sie mit ihnen über den Todesfall sprechen. Sie führen ihr Leben scheinbar weiter wie immer, zeigen nach außen keine Anzeichen der Betroffenheit. Diese Reaktion ist jedoch ganz gewiss kein Spiegel ihrer inneren Empfindungen.

■ Kinder verstecken ihre Gefühle oft vor Erwachsenen, manchmal sogar, um die Eltern zu schützen. Deshalb sprechen viele Kinder auch nicht über ihre Trauer.

■ Viele Kinder und Jugendliche empfinden Zorn und Aggressionen, werden störrisch oder trotzig. Wut und Feindseligkeit richten sich manchmal gegen eine bestimmte Person (ein Elternteil, einen Arzt) – wenn das Kind glaubt, diese hätte den Tod verhindern können.

■ Es können sich auch Wutgefühle gegen Gott, gegen Spielkameraden oder gegen den überlebenden Elternteil entwickeln. Haben Sie dafür bitte Verständnis: Schließlich ist ein Mensch gestorben, der sich zuvor immer um das Kind gekümmert hat. Einem kleinen Kind erscheint es einfach ungerecht, wenn Mama oder Papa stirbt.

■ Gerade wütende und frustrierte Kinder wissen oft nicht, wie sie ihre Gefühle ausdrücken sollen, ohne dass ihr Benehmen Ärger bei den Erwachsenen auslöst.

Sie können Ihren Kindern helfen, indem Sie für alle Gefühle dieser Art Verständnis haben und dies auch zeigen. Vermitteln Sie Ihrem Kind – indem Sie Ihre eigenen Gefühle ausdrücken –, dass es in Ordnung ist, zu weinen und Emotionen zu zeigen. Das gibt ihm Sicherheit und ermöglicht es ihm, mit Ihnen gemeinsam zu trauern.

Hier hilft man Ihnen weiter:
Adressen für Trauernde

Es gibt eine ganze Reihe von Hilfsorganisationen, privaten Vereinen und staatlichen Stellen, die mit Rat und Tat zur Seite stehen, wenn Kinder und Jugendliche vom Tod betroffen sind bzw. wenn Eltern ein Kind verloren haben. Hier die wichtigsten Adressen:

Beratung/Begleitung/Kontakt
für trauernde Eltern und Geschwister
Bogenstr. 26
20144 Hamburg
Telefon: 0 40/45 00 09 14
www.verwaisteeltern.de
www.verwitwet.de
www.notfallseelsorge.de

Zentrum für trauernde Kinder e.V.
Doventorscontrescarpe 172
Gebäude D, 1. Etage
28195 Bremen
Telefon: 04 21/34 36 68
Im Internet:
www.trauernde-kinder.de

Ausschließlich im Internet zu finden sind diese sehr informativen und hilfreichen Seiten:

www.elternimnetz.de
  (hier die Stichwortsuche nutzen)
www.ruhen-und-tun.de/tod-kinder
www.familienhandbuch.de
  (hier die Stichwortsuche »Tod« nutzen)
www.kindergartenpaedagogik.de
www.sonderpaed-online.de
www.eltern.de/familie_erziehung/erziehung/
  kinder_und_tod
www.trauer.org
www.allesistanders.de
www.kummernetz.de
www.sternenkinder-eltern.de

Auch auf Seiten für trauernde Eltern kann man Rat und Hilfe finden. Hier einige Adressen und Homepages:

»Leben ohne Dich«
Bodo Fritsche
Westkapeller Ring 21
45481 Mülheim/Ruhr
www.leben-ohne-dich.de

**Bundesverband Verwaiste Eltern
in Deutschland e.V.**
Seelhorststraße 11
30175 Hannover
Telefon: 05 11/3 37 27 26
Telefax: 05 11/3 37 27 24
www.veid.de

**Gemeinsame Elterninitiative
Plötzlicher Säuglingstod (GEPS)**
Bundesverband GEPS Deutschland e. V.
Rheinstraße 26
30519 Hannover
Telefon und Fax: 0 511/8 38 62 02
www.geps-online.de

Für Suizid-Fälle:
AGUS e.V. – Angehörige um Suizid
Wilhelmsplatz 2
95444 Bayreuth
Telefon: 09 21/1 50 03 80
Telefax: 09 21/8 33 43
www.agus-selbsthilfe.de

Im Bestattungsinstitut

Besorgungen wie die Auswahl des Sarges und der Ster-
bewäsche, die Bestellung von Blumengebinden, die Trau-
eranzeigen in der örtlichen und/oder überregionalen
Presse, der Druck von Trauerkarten und die Erledigung
aller Formalitäten werden normalerweise einem Bestattungsinstitut übertragen:

▪ Hier wählen Sie den Sarg aus und übergeben die Ster-
bewäsche.

▪ Aus einem Katalog suchen Sie ein Blumengebinde oder
einen Kranz aus.

- Sie überbringen dem Bestattungsinstitut außerdem eine Fotografie des Verstorbenen, damit die Trauerkarten gedruckt werden können.

- Außerdem wird Ihnen ein Katalog mit Zitaten vorgelegt, aus dem Sie einen Text für die Anzeige und die Trauerkarten auswählen können.

- Selbstverständlich können Sie für alles auch eigene Vorschläge und Ideen beisteuern. Oder die Wünsche und Vorstellungen des Verstorbenen einbringen.

Erd- oder Feuerbestattung?
Was das Gesetz sagt

Nach den Bestimmungen des Bestattungsgesetzes ist jeder Leichnam zu bestatten. Als Bestattungsarten sind in Deutschland nur die Erd- oder die Feuerbestattung zulässig. Hat der Verstorbene zu Lebzeiten keine Entscheidung darüber getroffen, obliegt diese den Angehörigen oder dem Bevollmächtigten.

- **Die Erdbestattung** war ursprünglich die übliche Form der Totenbestattung: Der Leichnam wurde in die Erde versenkt. Diese Art der Bestattung ist die mit religiösen oder weltanschaulichen Bräuchen und Ritualen verbundene Übergabe des Leichnams an die Erde. In der christlich geprägten Welt ist dabei die Verwendung eines Sarges vorgeschrieben, im Islam dagegen wird der Tote lediglich in ein Tuch gewickelt, was in Deutschland allerdings nicht gestattet ist. Eine Erdbestattung kann in verschiedenen Grabstellen stattfinden: Einzel- oder Reihengräber, Familiengräber, Grüfte oder Arkadenplätze.

■ **Die Feuerbestattung** ist die mit religiösen oder weltanschaulichen Gebräuchen verbundene Übergabe des
menschlichen Leichnams an das Feuer. Die Feuerbestattung ist rechtlich und nach den christlichen Reli-
gionen der Erdbestattung gleichgestellt. 1878 ging das
erste deutsche Krematorium im thüringischen Gotha
in Betrieb, Heidelberg folgte 1891, Hamburg 1892. All
diese frühen Krematorien wurden in der Regel von Feu-
erbestattungsvereinen privat finanziert und betrieben.
Vor allem aufgrund des hartnäckigen Widerstands der
Kirchen blieb die Feuerbestattung bis zum Ersten Weltkrieg Angelegenheit einer verschwindend kleinen Be-
völkerungsgruppe.

- Ein Verstorbener darf nur in einer behördlich geneh-
  migten Feuerbestattungsanlage (Krematorium) eingeäschert werden.

- Um die Identität des Verstorbenen und seiner Asche
  zu gewährleisten, wird dem Sarg bei der Einäsche-
  rung eine mit einer Nummer versehene hitzebestän-
  dige Marke beigelegt. Diese ist nach der Kremation
  der Aschenkapsel, die der Aufnahme der Asche des
  Verstorbenen dient, beizugeben.

- Das Vermischen der Asche mehrerer Personen ist aus-
  geschlossen.

- Verstorbene mit Herzschrittmacher dürfen erst nach
  Entfernung desselben eingeäschert werden.

- Urnen mit der Asche von Verstorbenen sind in einer
  Bestattungsanlage (Friedhof, Urnenhain) zu bestatten.

- Außerhalb eines Friedhofs darf eine Urne nur mit Genehmigung der dafür zuständigen Behörde beigesetzt
  werden.

Die persönliche schriftliche Mitteilung

Nicht alle Familienangehörigen und jeder aus dem Freundeskreis muss unverzüglich über den Todesfall informiert werden. Meist wird man dies in der heutigen Zeit zwar tun, dennoch gibt es viele Menschen, die es vorziehen, die Information über das Ableben eines lieben Menschen schriftlich vorzunehmen. Und zwar nicht über die Todesanzeige oder über einen Trauerbrief, sondern mit einem persönlichen Schreiben, das sich direkt an den Empfänger wendet. Darin kann man von Einzelheiten und letzten Gedanken und Wünschen des Verstorbenen berichten und gleichzeitig um die Teilnahme am Begräbnis und der Trauerfeier bitten. Auch kann man in einem solchen Brief den Wunsch äußern, dass der Empfänger beispielsweise eine Trauerrede hält oder unter Umständen bestimmte Pflichten bei der Ausrichtung der Trauerfeier übernimmt.

Mustertexte

Witwe an Schwägerin

Liebe Gerda,

heute muss ich dir eine traurige Nachricht übermitteln. In der vergangenen Nacht ist mein lieber Mann, dein Bruder Werner, verstorben. Wie du ja weißt, mussten wir schon seit längerem mit seinem Tod rechnen – seine Krankheit hatte sich zusehends verschlimmert.
Trotzdem hat uns dieses Ereignis einen schweren Schlag versetzt, den wir so schnell nicht verkraften werden. Darum will ich dir von den näheren Umständen seines Todes

lieber ein anderes Mal berichten – wenn die seelischen Wunden, die aufgerissen wurden, nicht mehr so schmerzen.

Es wäre mir ein großer Trost, wenn du zum Begräbnis kommen könntest, obwohl ich weiß, dass es für dich nicht leicht einzurichten ist. Trotzdem möchte ich dir sagen: Es findet am 23. April um 11:00 Uhr auf dem Heilig-Geist-Friedhof statt. Solltest du wirklich nicht kommen können, bist du vielleicht in Gedanken bei uns und deinem verstorbenen Bruder.

In tiefem Schmerz
Renate

Vater an Onkel des Verstorbenen

Lieber Richard,

nur schweren Herzens kann ich dir diesen Brief schreiben, denn ich habe dir eine schreckliche Nachricht mitzuteilen: Gestern Abend wurden wir zu unserem Sohn Andreas in die Klinik gerufen. Er hatte einen schweren Verkehrsunfall. Als wir im Krankenhaus ankamen, war Andreas bereits verstorben. Gerade du wirst verstehen, wie groß der Schmerz und das Leid bei uns ist. Am kommenden Montag, den 17. April, werden wir unseren Sohn auf dem Friedhof St. Josef beerdigen. Auch ohne deine Zusage weiß ich, dass du alles daran setzen wirst, an unserer Seite zu sein. Ich bin froh darüber – weiß ich doch, wie sehr du deinen Neffen geliebt hast. Und deine Anwesenheit wird ein kleiner Trost in unserem tiefen Leid sein.

Mit stillem Gruß
Günter

Bruder an Schwester zum Tod der Mutter

Liebe Brigitte,

vor nicht ganz drei Stunden ist unsere liebe Mutter gestorben. Der Tod war für sie eine Erlösung – du weißt ja, wie sehr sie in den letzten Monaten gelitten hat, wie sehr sie sich nach der endlichen Ruhe gesehnt hat. Nun hat sie endlich ihren Frieden gefunden, den sie sich so sehr wünschte. Sie ist friedlich eingeschlafen, und Regina und ich saßen bis zum Ende an ihrem Bett.
In unserem tiefen Schmerz bleibt uns nur der Trost, dass sie einen würdigen Tod hatte, dass wir in ihrer letzten Stunde bei ihr sein durften.
Ich bitte dich: Komm so schnell wie möglich her. Wann das Begräbnis stattfinden wird, kann ich jetzt noch nicht sagen: Mama hatte sich ja eine Feuerbestattung gewünscht, und die ist hier im Ort nicht durchführbar. Es sind etliche Formalitäten zu erledigen. Regina und ich erwarten dich in den nächsten Tagen.

In Gedenken an unsere Mutter einen stillen Gruß
von deinem Bruder Robert

Witwer an Schwager mit der Bitte um Trauerrede

Lieber Karl,

heute muss ich dir eine traurige Nachricht übermitteln. In der vergangenen Nacht ist meine liebe Frau, deine Schwester Irma, verstorben. Wie du ja weißt, haben wir schon seit längerem mit ihrem Tod rechnen müssen.
Die Trauerfeier findet am 15. März um 10:00 Uhr auf dem Westfriedhof statt.

Es wäre uns allen ein großer Trost, wenn du zum Begräbnis kommen und die schmerzliche Pflicht übernehmen würdest, bei der Trauerfeier ein paar Worte zu sprechen. Du bist meiner Irma so nah gestanden, du hattest zu ihr ein so inniges Verhältnis, dass ich glaube, es wäre in ihrem Sinne und würde uns alle den schmerzlichen Verlust leichter ertragen lassen.

In tiefem Schmerz
Herbert

KAPITEL 2

Mitteilung an die Öffentlichkeit

Nachdem Familie und engerer Freundeskreis über den Todesfall benachrichtigt wurden – und das kann durchaus per Telefon geschehen –, werden die Hinterbliebenen darüber entscheiden müssen, wie man die Öffentlichkeit informiert. In den wohl weitaus meisten Fällen wird das mit einer Anzeige in der örtlichen Tagespresse geschehen. Manche Familie verschickt aber auch Trauerbriefe. Todesanzeigen werden in den Tageszeitungen als öffentliche Bekanntgabe des Todes veröffentlicht, während Trauerbriefe an ausgewählte, dem Verstorbenen auf unterschiedliche Art Nahestehende versendet werden.

Trauerbrief oder Todesanzeige?

Mit der Todesanzeige, die normalerweise in der örtlichen Tagespresse veröffentlicht wird, erreichen Sie am selben Ort wohnende Familienmitglieder und Freunde. Ist Ihr Familien- und Freundeskreis jedoch über die Gemeinde hinaus verstreut, müssen Sie möglicherweise mehrere Anzeigen in verschiedenen Zeitungen aufgeben. Das kann ins

Geld gehen – und Sie haben dennoch nicht die Gewähr, dass jeder Mensch informiert wird, der für den Verstorbenen wichtig war und den Sie deshalb gerne bei der Bestattung dabei hätten. Deshalb kann ein Trauerbrief die bessere Wahl sein.

Der Trauerbrief richtet sich an all jene Personen, die von dem Todesfall direkt betroffen sind. Sie müssen dazu natürlich alle Anschriften kennen. Wenn dies der Fall ist, wird der Trauerbrief nicht nur persönlicher und intimer sein als eine Anzeige, sondern auch – selbst wenn Sie viele Briefe verschicken müssten – erheblich preiswerter als mehrere Anzeigen in unterschiedlichen regionalen und/oder überregionalen Tageszeitungen.

Vielleicht entscheiden Sie sich aber auch dafür, beides zu verwenden – die Todesanzeige in der örtlichen Tagespresse und einen Trauerbrief für all jene Personen, die nicht in derselben Gemeinde ansässig sind.

Unter Umständen wollen andere Personen, Firmen oder Institutionen ebenfalls eine Traueranzeige schalten – vielleicht der (frühere) Arbeitgeber des Verstorbenen, Vereine oder Organisationen (wie Parteien, Verbände etc.), in denen er Mitglied war. Klären Sie dies vorher ab. Gerade in einem solchen Fall ist möglicherweise die Kombination aus Todesanzeige und Trauerbrief die beste Lösung: Sie erreichen so einerseits die am Ort wohnenden Familienangehörigen und Freunde, andererseits auch Auswärtige, denen Sie die Möglichkeit geben wollen, an der Trauerfeier teilzunehmen. Achten Sie bitte auf Folgendes:

- Anzeige und Trauerbrief sind nicht mit einem Kondolenzschreiben zu vergleichen. Sie sollen nicht das tief empfundene Leid ausdrücken, sondern dienen rein sachlicher Information.

- Die Todesanzeige richtet sich an die Öffentlichkeit – also vor allem an jene Personen, denen Sie (oder eine Firma, eine Institution, ein Verein oder eine Partei) bekannt geben wollen, dass jemand gestorben ist.

- Die Todesanzeige in der Zeitung sollte am selben Tag veröffentlicht werden, an dem die Trauerbriefe zugestellt werden.

- Normalerweise ist der Text von Todesanzeige und Trauerbrief derselbe. Ein Unterschied kann lediglich im Hinweis auf die trauernden Hinterbliebenen bestehen: In der Todesanzeige zeichnen üblicherweise ein oder zwei Familienmitglieder »Im Namen aller Angehörigen«. Im Trauerbrief dagegen kann man durchaus auch die Namen der weiteren Angehörigen aufführen.

Der Trauerbrief

Wenn Sie einen Trauerbrief verschicken, sollte sich dieser an alle Personen aus dem Familien- und Freundeskreis richten, die direkt von dem Todesfall betroffen sind. Auch diejenigen, die am selben Ort wohnen, sollten einen Trauerbrief erhalten, denn diese persönliche Einladung ist einfach höflicher als lediglich die Information über die Anzeige in der Tageszeitung. Es kann sonst leicht zu Unstimmigkeiten innerhalb der Familie und des Freundeskreises führen, wenn der eine mit einen Trauerbrief bedacht wird und ein anderer nicht.
Überprüfen Sie genau, ob Sie alle Anschriften vorliegen haben. Enge Familienmitglieder und Freunde unterrichtet man ja üblicherweise sofort telefonisch oder in

einem Trauerschreiben (siehe vorhergehendes Kapitel) vom Todesfall. In den Trauerbrief gehören diese Angaben:

■ Datum, Zeit und Ort der Bestattung, Trauerfeier oder Totenmesse, evtl. auch des so genannten Leichenschmauses, der auf dem Lande oft noch üblich ist.

  • Wenn Sie die genauen Daten bekannt geben, gilt dies als allgemeine Einladung, an der Trauerfeier teilzunehmen.

  • Wenn Sie keine Gäste bei der Trauerfeier und der Bestattung wünschen, genügt ein Hinweis etwa in dieser Form: »Die Beerdigung findet im engsten Familienkreis statt«. Aber selbst dann können Sie bei einem Trauerbrief nicht ausschließen, dass jemand zur Trauerfeier und/oder Bestattung erscheint.

■ Wird der Zeitpunkt vom Leichenschmaus in Anzeige oder Trauerbrief genannt, ist die Einladung ebenfalls allgemein gültig.

Die Todesanzeige

Dieses Element der Trauerkultur hat sich erst seit dem vorletzten Jahrhundert in der jetzigen Form entwickelt. Bis heute ist die Todesanzeige das klassische öffentliche Medium im Trauerfall geblieben. Der älteste Beleg einer solchen Anzeige stammt übrigens bereits aus dem 18. Jahrhundert. Ursprünglich waren solche Anzeigen eher ein Mittel von Geschäftsleuten, um notwendige gewerbliche Veränderungen mitzuteilen. Erst im 19. Jahrhundert wurde die Todesanzeige im Bürgertum zum Ausdrucks-mittel auch privater Trauer.

Die Funktionen der Todesanzeige

Eine Todesanzeige erfüllt mehrere Funktionen. Sie

- macht den Todesfall **öffentlich**: Der Tod eines Menschen wird bekannt gegeben, und dies nicht nur dem Fami-lien- und Freundeskreis, sondern der gesamten Öffent-lichkeit. Dabei sind vor allem die Daten zur Identität des Verstorben wichtig. In der sehr schlichten Grundform einer Anzeige müssen nicht einmal vollständige Sät-ze stehen, sondern lediglich Name, Geburts- und To-desdatum, Zeit und Ort des Abschieds. Möglicherweise wird ein Symbol (das kann ein Kreuz sein oder ein an-deres Symbol, das Trauer zum Ausdruck bringt) hinzu-gefügt. Selbstverständlich kann man zur Grundform noch andere Elemente anfügen (siehe unten).

- fungiert als **Sterbeanzeige**: Im Text finden sich neben den reinen Daten für die Öffentlichkeit zusätzliche Informationen über Art und Weise (Krankheit, Unfall) sowie Ort und Zeitpunkt des Todes.

- ist eine **Traueranzeige**: Neben den Basisdaten drücken Familie (oder Freunde) in Wortwahl und Gestaltung ihre persönliche Trauer aus.

  - Beispiele: *Wir müssen Abschied nehmen, ein erfüll-tes Leben ging zu Ende. Uns bleiben Erinnerungen und Dankbarkeit.*

  - Oder: *Wir wären so gern zusammen alt geworden.*

  - Oder: *Obwohl wir dir die Ruhe gönnen, ist voller*

Trauer unser Herz. Dich leiden seh'n, nicht helfen können, das war uns der größte Schmerz.

■ ist eine **Würdigung**: Im Text werden der Tote, sein Leben und seine Verdienste gewürdigt.

- Beispiel: *Wir danken ihm für das, was er uns war, gab und möglich machte.*

- Oder: *Für die Welt warst du irgendjemand, aber für irgendjemand bleibst du die Welt.*

■ gibt angesichts des Todes der **Hoffnung** Ausdruck:

- Beispiel: *Friede sei mit dir! Fürchte dich nicht, du wirst nicht sterben.*
  (RICHTER, 6, 23-24)

- Oder: *Wer tröstet uns? Das Hoffen. Wie gut ist's, Christ zu sein! Man sieht den Himmel offen und nicht das Grab allein.*
  (PHILIPP FRIEDRICH HILLER)

Im Beerdigungsinstitut oder in der Anzeigenabteilung der Zeitung werden den Trauernden viele unterschiedliche Anzeigentexte und Anzeigenformate angeboten sowie diverse Gestaltungsvorschläge unterbreitet. Es kann gut sein, dass Sie etwas für sich und Ihren Fall Passendes finden.

Viele Familien jedoch möchten die Todesanzeige selbst formulieren und dies nicht einem Beerdigungsinstitut und damit einer vielleicht allzu großen und nicht sehr individuellen Routine überlassen. Sie wollen vielmehr die Ehre des Toten in der Öffentlichkeit selbst bewahren und Freunde und Bekannte des Verstorbenen über den Fortgang eines lieben Menschen in Kenntnis setzen. Gerade wenn es der Wunsch des Verstorbenen (und auch der Hinterbliebenen) war, die Beerdigung im engsten Kreis zu vollziehen, kann der Text in einer Todesanzeige, die erst nach der Beisetzung veröffentlicht wird, entsprechend gestaltet werden.

Welche Informationen müssen in eine Todesanzeige?

Todesanzeigen sollten neben inhaltlichen auch formalen Kriterien genügen. Da die Anzeigengröße maßgeblich den Preis bestimmt, wird man sich bei der Textgestaltung normalerweise kürzer fassen. Unbedingt beachtet und erwähnt werden müssen:

- der Name des Verstorbenen (der Geburtsname der Frau sollte auf jeden Fall erwähnt werden, wenn er weitgehend bekannt ist)

- die Titel, die zum Namen gehören, wie z. B. der Doktortitel. Bei mehreren Titeln, beispielsweise Professor Dr. Dr. können alle aufgeführt werden, ebenso Zusätze wie Dr. jur., Dr. med., Dr. h.c.

- das Datum des Todes und, wenn gewünscht, das Alter bzw. der Geburtstag des Verstorbenen.

- die Namen der Angehörigen – in der Zeitungsanzeige werden im Normalfall lediglich die Namen der engsten Angehörigen erscheinen.

  - Erscheinen bei den Todesanzeigen nur die Namen der engsten Angehörigen, ist es durchaus üblich, dass hinzugefügt wird »Im Namen aller Angehörigen« oder »Im Namen der Hinterbliebenen« oder »und alle Angehörigen«.

- Wenn alle Namen aufgeführt werden, sollte folgende Reihenfolge beachtet werden:

  - Bei Verstorbenen, die verheiratet waren, kommt zuerst der Name des Ehepartners, dann die Namen der Kinder dem Alter nach mit Schwiegerkindern, die Enkel und Urenkel, die evtl. noch lebenden Eltern und Schwiegereltern und dem Alter nach die Geschwister und Schwäger.

- Titel der Angehörigen, die zum Namen gehören, zum Beispiel der Doktortitel, können wie üblich vor den Namen gesetzt werden.

  - Hat nur einer der Ehepartner einen Titel, sollte formuliert werden: *»Dr. Peter Meier und Anita Meier«* oder *»Peter Meier und Dr. Anita Meier«*.

- Die letzte Anschrift des/der Verstorbenen bzw. die Anschrift der Angehörigen.

- Ort, Datum, Uhrzeit der Trauerfeier und (bei Katholiken) des Seelenamtes.

Welche Angaben **können** *außerdem enthalten sein?*

Es ist möglich, aber nicht zwingend, besondere Ehrungen oder Auszeichnungen des Verstorbenen wie beispielsweise »Trägerin des Bundesverdienstkreuzes« – »Inhaber des Verdienstordens des Landes ...« – »Träger des Ehrenringes der Stadt ...« mit aufzuführen. Bei manchen Familien stellt sich die Frage, ob der Beruf des Toten erwähnt werden sollte. Wenn dieser Beruf zur Persönlichkeit des Menschen gehört hat oder er besonders stolz auf seinen Beruf war, sollte er angeführt werden.

In manchen Regionen der Bundesrepublik ist es üblich, wegen der Kranz- und Blumenspenden unter die Anzeige den Namen des Bestattungsunternehmens zu setzen. Dieser Hinweis sorgt dafür, dass der Florist Blumenspenden nicht ins Trauerhaus, sondern ins Bestattungsunternehmen bringt, wo sie wegen der späteren Danksagungen ordnungsgemäß registriert werden. Das hilft auch den Angehörigen: Zum einen wissen sie, wer was geschickt hat, zum anderen werden sie bei Erscheinen der Todesnachricht nicht von Floristen oder Bekannten mit telefonischen Nachfragen belastet.

Wenn der Verstorbene keine »große« Beerdigung wünschte und die Familie dem selbstverständlich nachkommt, kann die Todesanzeige auch nach der Bestattung erscheinen. Dann sollte man auf diesen oder einen ähnlichen Hinweis nicht verzichten: *Die Beerdigung hat im engsten Familienkreis stattgefunden.«*

Häufig finden sich in der Todesanzeige Zusätze, die den Wunsch des Verstorbenen nach einer Spende anstelle von Blumen und Kränzen zum Ausdruck bringen. Dies kann man beispielsweise folgendermaßen ausdrücken:
Anstelle freundlich zugedachter Blumenspenden bitten wir im Sinne der Verstorbenen um eine Spende für (Angabe der Institution oder wohltätigen Vereinigung sowie Name des Geldinstituts mit Kontonummer und Bankleitzahl)

Der Vermerk *»Von Beileidsbezeigungen am Grabe bitten wir Abstand zu nehmen«* findet sich gar nicht so selten. Sie klingt aber sehr steif und ein wenig abweisend. Besser ist eine Formulierung wie z. B. *»Wir bitten Sie, am Grab nicht* *zu kondolieren.«* Die gedruckte Bitte, von Beileids- oder Kondolenzbesuchen abzusehen, ist eigentlich eine doppelte Vorsichtsmaßnahme: Denn in der heutigen Zeit gibt es keine offiziellen Besuchszeiten mehr; jeder Besuch findet nur nach vorheriger Absprache statt – natürlich auch ein Kondolenzbesuch. Meist ist diese Bitte also nur sehr theoretisch. Die Praxis auf dem Friedhof zeigt: Sie ist nur dann durchführbar, wenn die Angehörigen den Friedhof verlassen, unmittelbar nachdem sie an das Grab getreten sind. In allen anderen Fällen ergibt sich die Situation, dass Trauergäste ohne Gruß an diesen vorbeigehen müssen, wenn sie nach den Angehörigen an das Grab treten.

Oft steht über einer Todesanzeige »Statt besonderer Anzeige«. Das ist dann der Fall, wenn die Familie keine Trauerbriefe verschickt und somit die Zeitungsanzeige die einzige Bekanntmachung des Todesfalles ist.

Welche Formulierungen sind unpassend?

■ Absolut unüblich ist es, vor den Namen des/der Verstorbenen den Zusatz »Frau« oder »Herr« zu setzen. Hier gilt dasselbe wie bei der Vorstellung: Man würde seinen Ehepartner auch nicht als »Herrn Kühl« vorstellen, sondern immer sagen: »Dies ist mein Mann, Peter Kühl«.

■ Anders sieht es mit Todesanzeigen aus, die z. B. von einer Firma, einer Partei, einem Verein oder einer ähnlichen Organisation geschaltet werden. Hier ist der Zusatz »Herr« bzw. »Frau« durchaus üblich und erwünscht.

■ Die Formel »in memoriam« gehört nicht in die Todes-anzeige, sondern eher in die Jahres-Gedenkanzeige. Sie ist vor allem in katholischen Regionen üblich.

■ Todesanzeigen können durch die vielen Informationen, die sie enthalten, leicht überladen wirken. Sie verlieren ihren ursprünglichen Sinn, den persönlich erlittenen Todesfall öffentlich zu machen und zur Trauerfeier ein-zuladen. Sie sollten entscheiden: Was ist uns unbedingt wichtig? Worauf können wir verzichten? Weniger ist hier oft mehr.

■ Hüten Sie sich vor einer Zusammenfassung, wie man sie leider oft lesen kann: *»Plötzlich und unerwartet ent-schlief heute mein lieber Mann, mein herzensguter Vater, mein Schwiegersohn, unser Bruder, Schwager, Onkel, Cousin.«* Der englische Dichter George Bernhard Shaw merkte dazu ironisch an, dass wohl »der bessere Teil der Menschheit unter der Erde läge«.

• Man kann durchaus einzelne Sätze nebeneinander stellen: *»Ich beklage den Tod meines Mannes. Wir trauern um unseren Vater und Großvater. Ich nehme Abschied von meinem Bruder, wir von unserem Onkel.«*

Die richtige Sprache für die Todesanzeige

Bei den Formulierungen gebraucht man heute durchaus eine klare Sprache. Bezeichnungen wie »unser lieber Heimgegangener« sind nicht mehr üblich. Das Gleiche gilt für Ausdrücke wie »das Zeitliche gesegnet«, »den Weg allen Fleisches gegangen«, »von hinnen geschieden«.

Beim Aufsetzen einer Traueranzeige sollten Sie auf zu gro-ße Worte verzichten; sie können den wahren Schmerz meist nicht ausdrücken. Sachliche Aussagen klingen glaubhafter, und das Einfache ist oft auch würdiger und angemessener. Wer Wert darauf legt, die Todesursache in der Anzeige oder dem Brief zu nennen, hat dazu verschiedene Möglichkeiten. Hier einige Beispiele für gebräuchliche Formulierungen:

- *nach kurzer, schwerer Krankheit*
- *unerwartet*
- *infolge eines Herzinfarktes*
- *nach langer, schwerer Krankheit*
- *nach langem, mit großer Geduld ertragenem Leiden*
- *durch ein tragisches Unglück*
- *durch einen tragischen Verkehrsunfall (Segelunfall, Skiunfall, Flugzeugabsturz usw.)*
- *nach unheilbarer Krankheit*

Weitere Beispiele von gebräuchlichen Zusätzen:

- *ein Lebenskreis hat sich geschlossen*
- *in Liebe und Dankbarkeit nehmen wir Abschied*
- *erlöst von Schmerzen*
- *geliebt und unvergessen*
- *ein Leben voll Güte und Selbstlosigkeit ist vollendet*
- *im gesegneten Alter von 91 Jahren starb*
- *wenige Tage nach Vollendung ihres 82. Lebensjahres verstarb heute*
- *nach einem erfüllten Leben*
- *nach einem schaffensreichen Leben*

Auch das Wort »heute« kann in der Todesanzeige benutzt werden. Beispiel: *»Heute entschlief unser lieber Vater«.* Man geht ja bekanntlich von dem Tag aus, an dem der Todesfall eingetreten ist, und veröffentlicht das entsprechende Datum.

Spruchsammlung für Todesanzeige und Trauerbrief

Es ist durchaus üblich, in Anzeige und Brief über die rein sachlichen Informationen hinaus einen passenden Spruch zu setzen. Hierzu unterscheidet man verschiedene Arten der Ansprache – je nachdem, wie der Spruch formuliert ist:

- Man kann den Toten sozusagen **direkt ansprechen.** Beispiel: »*Wenn wir dir auch die Ruhe gönnen, so ist voll Trauer unser Herz. Dich leiden sehen und nicht helfen können, war unser allergrößter Schmerz.*«

- Man kann **über den Verstorbenen** sprechen. Beispiel: »*Sein Leben war Liebe und Fürsorge für uns.*«

- Man lässt **den Verstorbenen selbst etwas aussagen.** Beispiel: »*Meine Kräfte sind zu Ende, Herr, nimm mich in Deine Hände.*«

Spruchsammlung für Anzeigen mit direkter Ansprache:

- *... und wir glaubten, wir hätten noch so viel Zeit ...*

- *Auch wenn er nicht mehr unter uns ist, so ist er doch immer bei uns.*

- *Auf einmal bist du nicht mehr da, und keiner kann's verstehen. Im Herzen bleibst du uns ganz nah bei jedem Schritt, den wir nun gehen. Nun ruhe sanft und geh in Frieden, denk immer dran, dass wir dich lieben.*

- *Dein Leben fand ein unerwartet schnelles Ende. Doch die Spuren deines Lebens, in Gedanken, Bildern, Augenblicken, werden uns immer an dich erinnern. Du wirst immer in unserer Mitte bleiben.*

- *Dein Leben war ein großes Sorgen, war Arbeit, Liebe und Verstehen, war wie ein heller Sommermorgen – und dann ein stilles Von-uns-Gehen.*

- *Den Weg, den du vor dir hast, kennt keiner. Nie ist ihn einer so gegangen, wie du ihn gehen wirst. Es ist dein Weg.*

- *Du bist erlöst von deinem Leiden, lässt uns allein in tiefem Schmerz, ach, wie so schwer ist doch das Scheiden. Nun ruhe aus, du gutes Herz.*

- *Du bist nicht tot. Schloss auch dein müdes Auge sich, in unseren Herzen lebst du ewiglich.*

- *Du bist von uns gegangen, aber nicht aus unseren Herzen.*

- *Du hast das Leben so geliebt, doch der Tod hat dich besiegt.*

- *Du hast für mich gesorgt, geschafft, ja, sehr oft über deine Kraft. Nun ruhe aus, du gutes Herz, wer dich gekannt, fühlt unseren Schmerz.*

- *Du warst im Leben so bescheiden, schlicht und einfach lebtest du, mit allem warst du stets zufrieden, hab Dank und schlaf in aller Ruh.*

- *Du warst so jung, du starbst so früh, vergessen werden wir dich nie.*

- *Du siehst den Garten nicht mehr grünen. Du siehst die Blumen nicht mehr blühen. Hast stets geschafft, manchmal gar über deine Kraft. Alles hast du gern gegeben. Liebe, Arbeit war dein Leben. Du hast ein gutes Herz besessen, nun ruhe still und unvergessen.*

- *Erloschen ist das Leben dein. Du wolltest gern noch bei uns sein. Dein Wille war stark. Du wolltest die Krankheit* bezwingen und wusstest nicht, was sie verbarg. Vergeblich war dein Ringen. Wie schmerzlich war's, vor dir zu stehen, dem Leiden hilflos zuzusehen. Schlaf nun in Frieden, ruhe sanft. Und hab für alles vielen Dank.

- Erst, wenn dein begehrender Wille dankbar zum Schweigen gebracht, vernimmst du die Stimme der Stille, die großen Gespräche der Nacht.

- Es ist zu Ende mit den Schmerzen, du hast Frieden gefunden, aber verlassen sind Herzen, die dich schmerzlich vermissen.

- Glücklich sind wir zwei gegangen, immer gleichen Schritts. Was du vom Schicksal hast empfangen, ich empfind es mit. Doch nun heißt es Abschied nehmen, und mir wird so bang. Jeder muss alleine gehen seinen letzten Gang.

- Hab Dank für deine Zeit, hab Dank für deine Freundlichkeit. Für die Arbeit deiner Hände, für den Mut, der Widerstände überwindet und alle Engstirnigkeit. Hab Dank für deine Zeit!

- In unseren Herzen bist du und bleibst du, so lang wir leben, lebendig, kraftvoll, liebenswert und stark. Uns kann der Tod nicht von dir trennen, in unseren Herzen wirst du immer weiterleben.

- Nicht nur trauern wollen wir, dass wir dich verloren haben, sondern auch dankbar sein, dass wir dich so lange hatten.

- Niemals geht man so ganz, ein Teil von dir bleibt hier.

- Niemals wirst du ganz gehen, in unserem Herzen wirst du immer einen Platz haben und dadurch weiterleben.

- *Nun ruhen deine fleißigen Hände, die tätig waren immerdar. Du ahntest nicht, dass schon das Ende so schnell für dich gekommen war. Nun schlafe wohl und ruh in Frieden, hab tausend Dank für deine Müh'; und bist du auch von uns geschieden, in unseren Herzen stirbst du nie.*

- *Nun, gute Mutter, ruh in Frieden, hab vielen Dank für Sorg und Müh. Du bist von uns nun weggeschieden, vergessen werden wir dich nie.*

- *Nur Arbeit war dein Leben, nie dachtest du an dich, für deine Lieben streben, war deine höchste Pflicht.*

- *Nur wer vergessen wird, ist tot. Du wirst leben.*

- *Ruhe sanft und schlaf in Frieden, hab vielen Dank für deine Müh, wenn du auch bist von uns geschieden, in unserem Herzen stirbst du nie.*

- *Schlicht und einfach war dein Leben, treu und fleißig deine Hand, für die Deinen nur zu streben, weiter hast du nichts gekannt.*

- *Schmerzlich ist der Abschied, doch dich von deinem Leiden erlöst zu wissen, gibt uns Trost.*

- *Schmerzlich ist für uns dein Scheiden, viel zu früh uns noch dein Tod. Doch bist du befreit vom Leiden, befreit von jeder Erdennot.*

- *Schon lange drohten dunkle Schatten, dass du bald würdest von uns gehen. Wir danken dir, dass wir dich hatten, dein Bild wird immer vor uns stehen.*

- *Stets bescheiden, allen helfend, so hat jeder dich gekannt. Friede sei dir nun gegeben, schlafe wohl und habe Dank.*

- *Unser Herz will dich halten, unsere Liebe dich umfangen. Unser Verstand muss dich gehen lassen, denn deine Kraft war zu Ende und seine Erlösung war eine Gnade.*

- *Dich zu verlieren ist sehr schwer, doch ohne dich zu leben noch viel mehr.*

- *Was du im Leben hast gegeben, dafür ist jeder Dank zu klein. Du hast gesorgt für deine Lieben – tagaus, tagein. Dein gutes Herz hat aufgehört zu schlagen. Du wolltest doch so gern noch bei uns sein. Schwer ist es, diesen Schmerz zu tragen, denn ohne dich wird alles anders sein.*

- *Was du im Leben hast gegeben, dafür ist jeder Dank zu klein. Was wir an dir verloren haben, das wissen wir nur ganz allein.*

- *Wenn wir bei Nacht in den Himmel schauen, scheint es uns, als lachen alle Sterne, weil du in einem von ihnen wohnst. Du bist ins Leere entschwunden, aber im Blau des Himmels hast du eine unfassbare Spur zurückgelassen.*

- *Wenn wir dir auch die Ruhe gönnen, so ist voll Trauer unser Herz. Dich leiden sehen und nicht helfen können, war unser allergrößter Schmerz.*

- *Wer so gelebt wie du im Leben, wer so erfüllte seine Pflicht, wer stets sein Bestes hergegeben, der stirbt auch selbst im Tode nicht.*

- *Wir gingen zusammen im Sonnenschein. Wir gingen in Sturm und Regen. Doch niemals einer von uns allein auf unseren Lebenswegen.*

- *Wir können nicht mehr miteinander reden, nicht mehr miteinander lachen. Wir können unseren Weg nicht mehr gemeinsam gehen. Was bleibt, ist Liebe und Erinnerung.*

- *Wir sind traurig, dass du gingst, aber dankbar, dass es dich gab. Unsere Gedanken kehren in Liebe immer zu dir zurück.*

- *Ganz still und leise, ohne ein Wort, gingst du von deinen Lieben fort. Du hast ein gutes Herz besessen, nun ruht es still, doch unvergessen. Es ist so schwer es zu verstehen, dass wir dich niemals wiedersehen.*

Spruchsammlung für Anzeigen mit indirekter Ansprache:

- *O, wie schön ist deine Welt, Vater, wenn sie golden strahlet! Wenn dein Glanz hernieder fällt und den Staub mit Schimmer malet, wenn das Rot, das in der Wolke blinkt, in mein stilles Fenster sinkt!*

- *Nichts stirbt, was in der Erinnerung bleibt.*

- *In der Weite des Meeres siehst du vielleicht die zurückgelegte Meile nicht, aber sie ist gesegelt.*

- *Woran man sich erinnert, das kann nicht mehr verloren gehen.*

- *Wenn die Kraft zu Ende geht, ist Erlösung Gnade. Alles hat seine Zeit, die Zeit der Liebe, der Freude und des Glücks, die Zeit der Sorgen und des Leids. Es ist vorbei. Die Liebe bleibt.*

- *Alles hat seine Zeit. Es gibt eine Zeit der Stille, eine Zeit des Schmerzes und der Trauer, aber auch eine Zeit der dankbaren Erinnerung.*

- *Als die Kraft zu Ende ging, war's kein Sterben, war's Erlösung.*

- *Aus der Lieben Kreis geschieden, aus dem Herzen aber nie. Weinet nicht, sie ruht in Frieden, doch sie starb uns noch zu früh.*

- *Bedenke, über alles Leid, das die Tage bringen, zieht mit raschen Schwingen tröstend hin die Zeit.*

- *Das kostbare Vermächtnis eines Menschen ist die Spur, die seine Liebe und sein Frohsinn in unserem Herzen zurückgelassen haben.*

- *Das Leben eines geliebten Menschen ist plötzlich und unerwartet, für mich unfassbar, zu Ende gegangen.*

- *Das Leben endet, die Liebe nicht.*

- *Dem Leben sind Grenzen gesetzt, die Liebe ist grenzenlos.*

- *Den Wert eines Menschenlebens bestimmt nicht sein Alter, sondern das, was er in seinem Leben erreicht und getan hat.*

- *Denen, die in Geduld ausharren bis ans Ende, will ich die Krone des Lebens geben.*

- *Der Tod ist die Mitte beider Leben.*

- *Der Tod ist ihm zum Schlaf geworden, aus dem er zu neuem Leben erwacht.*

- *Der Tod kann auch Erlösung sein.*

- *Die am Ziel sind haben Frieden.*

- *Die Bande der Liebe und der Freundschaft werden mit dem Tod nicht durchschnitten.*

- *Die eigentlichen Geschenke des Lebens werden zumeist in der Stille überreicht: Freundschaft und Liebe; Geburt und Tod; Freude und Schmerz; Blumen und Sonnen-*

aufgänge; und das Schweigen als eine tiefe Dimension des Verstehens.

- *Die Größe eines Flusses wird erst an seiner Mündung begriffen, nicht an seiner Quelle.*

- *Die Mutter war's – bedarf es da noch vieler Worte?*

- *Ein erfülltes Leben hat sich vollendet.*

- *Ein ewiges Rätsel ist das Leben – und ein Geheimnis bleibt der Tod.*

- *Ein gutes Herz hat aufgehört zu schlagen.*

- *Ein gutes Mutterherz hat aufgehört zu schlagen, zwei nimmermüde Hände ruh'n.*

- *Ein Mutterherz! Nur wer es kennt, wer recht von Grund es kennt, der weiß, was man verliert an ihm, weiß, was kein Schmerz benennt.*

- *Ein treues Mutterherz hat aufgehört zu schlagen. Der Tod kam als Erlösung.*

- *Eine Ehrenkrone ist das Alter, auf dem Weg der Gerechtigkeit wird sie gefunden.*

- *Eine Stimme, die vertraut war, schweigt. Ein Mensch, der immer da war, ist nicht mehr. Was bleibt, sind dankbare Erinnerungen, die niemand nehmen kann.*

- *Eine vertraute Stimme schweigt. Ein Mensch, der immer für uns da war, lebt nicht mehr. Vergangene Bilder ziehen in Gedanken als Erinnerung vorbei. Doch Menschen, die wir lieben, bleiben für immer, denn sie hinterlassen Spuren in unseren Herzen.*

- *Entfernung ist nichts. Sich nah zu sein ist eine Sache des Herzens.*

- *Es ist nicht Zeit zu trauern, wenn Augen alt, der Ernte voll, geschlossen.*

- *Es ist schwer, einen geliebten Menschen zu verlieren. Aber es tut gut zu erfahren, wie viele ihn gern hatten.*

- *Es ist so schwer, wenn sich des Vaters Augen schließen, zwei Hände ruh'n, die stets so treu geschafft.*

- *Es kann vor Nacht leicht anders werden, als es am frühen Morgen war.*

- *Es weht der Wind ein Blatt vom Baum, von vielen Blättern eines. Das eine Blatt, man merkt es kaum, denn eines ist ja keines. Doch dieses eine Blatt allein bestimmte unser Leben. Drum wird dieses eine Blatt allein uns immer wieder fehlen.*

- *Fragt man das Schicksal: Warum, warum? Schicksal gibt keine Antwort. Schicksal bleibt stumm.*

- *Gelöst von allen Freuden, befreit von jedem Schmerz.*

- *Hier ist die Grenze des Lebens, nicht der Liebe.*

- *Im Jubel ernten, die mit Tränen säen, im Lichte stehen, die noch trauernd sind.*

- *In einem neuen Licht wird deine Liebe wärmend uns umgeben und aus der Ferne in uns weiterleben.*

- *Ins Leben schleicht das Leiden sich heimlich wie ein Dieb, wir müssen alle scheiden von allem, was uns lieb.*

- *Jemanden zu lieben, denn man vergessen hat, ist schwer. Doch jemanden zu vergessen, den man geliebt hat, ist unmöglich.*

- *Keiner wird gefragt, wann es ihm recht ist, Abschied zu nehmen von Menschen, Gewohnheiten und sich selbst.*

Irgendwann plötzlich heißt es, ihn auszuhalten, anzunehmen diesen Abschied, diesen Schmerz des Sterbens.

- *Lache – und die Welt lacht mit dir, weine – und du bist allein.*

- *Lasst uns Licht ins Dunkel bringen, ein Lächeln in den Träumen – gehofft, gekämpft und doch verloren. Nichts wird so sein, wie es einmal war.*

- *Menschen, die wir lieben, bleiben für immer bei uns, denn sie hinterlassen Spuren in unserem Leben.*

- *Menschen treten in unser Leben und begleiten uns eine Weile. Einige bleiben für immer, denn sie hinterlassen ihre Spuren in unseren Herzen.*

- *Nicht das Freuen, nicht das Leiden stellt den Wert des Lebens dar, immer nur wird das entscheiden, was der Mensch dem Menschen war.*

- *Nicht trauern wollen wir, dass wir ihn verloren haben, sondern dankbar sein, dass wir ihn gehabt haben.*

- *Sei getreu bis in den Tod, so will ich dir die Krone des Lebens geben.*

- *So wie der Wind mit den Bäumen spielt, so spielt das Schicksal mit den Menschen. Man sieht sich, man lernt sich kennen, gewinnt sich lieb und muss sich trennen. Der Mensch kann viel ertragen und erleiden, er kann vom Liebsten, was er hat, in Wehmut scheiden, er kann die Sonne meiden und das Licht, doch vergessen, was er einst geliebt, das kann er nicht.*

- *Und dann gibt es noch die längst vergangene Umarmung, die voller Sehnsucht, die im Innersten des Herzens. Diese Umarmung bleibt unvergessen.*

- *Von der Erde gegangen, im Herzen geblieben.*

- *Wenn die Kraft versiegt, die Sonne nicht mehr wärmt, dann ist der ewige Frieden eine Erlösung.*

- *Wenn durch einen Menschen ein wenig mehr Liebe und Güte, ein wenig mehr Licht und Wahrheit in der Welt war, dann hat sein Leben einen Sinn gehabt.*

- *Wer treu gewirkt, bis ihm das Auge bricht, und liebend stirbt, ja, den vergisst man nicht.*

- *Wohl dem Menschen, wenn er gelernt hat zu ertragen, was er nicht ändern kann, und preiszugeben mit Würde, was er nicht retten kann.*

- *Von dem Menschen, den du geliebt hast, wird immer etwas in deinem Herzen zurückbleiben, etwas von seinen Träumen, etwas von seinen Hoffnungen, etwas von seinem Leben, alles von seiner Liebe.*

Spruchsammlung für Anzeigen mit Aussagen des Verstorbenen:

- *Wenn du bei Nacht den Himmel anschaust, wird es dir sein, als lachten die Sterne, weil ich auf einem von ihnen wohne.*

- *Weinet nicht an meinem Grabe, gönnet mir die ewige Ruh, denkt, was ich gelitten habe, eh ich schloss die Augen zu.*

- *Ausgelitten hab ich nun, bin an dem frohen Ziele, von den Leiden auszuruh'n, die ich nicht mehr fühle.*

- *Behaltet mich so in Erinnerung, wie ich in den schönsten Stunden mit euch beisammen war.*

- *Der Tod bedeutet nichts – er zählt nicht. Ich bin nur nach nebenan gegangen – nichts ist geschehen. Alles bleibt genau, wie es war. Ich warte nur auf euch, gleich um die Ecke, für eine kleine Weile.*

- *Die Welt wird euch hart zusetzen, aber verliert nicht den Mut, ich habe die Welt schon besiegt.*

- *Ich gehe zu denen, die mich liebten, und warte auf die, die mich lieben.*

- *Ich hab den Berg erstiegen, der euch noch Mühe macht, drum weinet nicht, ihr Lieben, ich hab mein Werk vollbracht.*

- *Ich lasse mich fallen in eine heile Welt, wo mich die Wellen der Wirklichkeit nicht mehr so kalt umspülen.*

- *Könnt ich klagen, könnt ich zagen? Irre sein an dir und mir? Nein, ich will im Busen tragen deinen Himmel schon allhier. Und dies Herz, eh es zusammenbricht, trinkt noch Glut und schlürft noch Licht.*

- *Trauert nicht um mich, freuet euch, dass ich den Frieden habe.*

- *Tretet her, meine Lieben, nehmet Abschied, weint nicht mehr. Heilung ward mir beschieden, meine Leiden waren zu schwer.*

- *Was ich getan in meinem Leben, ich tat es nur für euch. Was ich gekonnt, hab ich gegeben, das war mein höchstes Streben.*

- *Weinet nicht, dass ich von euch gehe, seid dankbar, dass ich so lange bei euch war.*

- *Weinet nicht, ich hab' es überwunden, bin befreit von meiner Qual, doch lasset mich in stillen Stunden bei euch sein so manches Mal. Was ich getan in meinem Leben, das tat ich nur für euch, was ich gekonnt, hab' ich gegeben – als Dank bleibt einig unter euch.*

■ *Weinet nicht, ich hab' es überwunden. Ich bin erlöst von Schmerz und Pein. Denkt gern zurück an mich in schönen Stunden, und lasst mich in Gedanken bei euch sein.*

■ *Wenn ihr mich sucht, sucht mich in euren Herzen. Habe ich dort eine Bleibe gefunden, lebe ich in euch weiter.*

Der Nachruf

Im privaten Bereich wird man eher selten einen Nachruf in der Zeitung veröffentlichen – eher hält man auf der Trauerfeier eine Rede (s. Kapitel 6), die dann dem Nachruf entspricht.

War der Verstorbene geschätztes Mitglied eines Vereins oder einer Partei, Angehöriger einer Firma oder Behörde, werden diese Institutionen möglicherweise einen Nachruf in die Tageszeitung setzen wollen. Das müssen Sie als Familienangehörige mit den entsprechenden Verantwortlichen abklären. Hierzu zwei grundsätzliche Empfehlungen:

■ Familien- und Nachrufanzeigen sollten möglichst am selben Tag in der Tageszeitung erscheinen.

■ Das Wort »Nachruf« sollte nicht über der Anzeige stehen. Jeder, der diese Anzeige liest, sieht, dass es sich um einen Nachruf handelt.

Was man bei einem Nachruf beachten sollte

- Der Name des Verstorbenen (handelt es sich um eine Frau, sollte der Geburtsname auf jeden Fall erwähnt werden, wenn er weitgehend bekannt ist) muss enthalten sein. Alles, was über Titel in Familienanzeigen schon geschrieben wurde, gilt auch für Nachrufe, ebenso die Aussagen über besondere Ehrungen und Auszeichnungen. Hierbei ist auch möglich, Zusätze wie beispielsweise »Trägerin des Bundesverdienstkreuzes am Bande" nur in den Nachruf zu setzen und in der Familienanzeige wegzulassen.

- Im Gegensatz zu Familienanzeigen sollte beim Nachruf das Wort »Herr« oder »Frau« vor den Namen gesetzt werden.

- Das Datum des Todes und das Alter bzw. der Geburtstag des Verstorbenen darf nicht fehlen.

- Der Name der Firma, der Behörde/Institution bzw. des Vereins, die den Nachruf aufgibt, muss genannt werden. Beachtet werden sollte hierbei unbedingt, dass der Firmen-, Behörden-/Institutions- oder Vereinsname nicht größer oder auffälliger gesetzt wird als der Name des Verstorbenen.

- Die Anschrift der Firma, die den Nachruf aufgibt, muss ebenfalls aufgeführt werden. Lediglich bei Behörden oder Vereinen wird oft keine Anschrift angegeben.

Kapitel 3

Mündliche Kondolenz und tatkräftige Hilfe

Es fällt niemandem leicht, auf einen Trauernden zuzugehen. Bedenken Sie aber bitte: Bei einem solchen Schicksalsschlag – selbst wenn der Todesfall nicht unerwartet kam, sondern jemand in sehr hohem Alter oder nach langer, schwerer Krankheit starb – sind die Angehörigen besonders sensibel. Und auf das offenkundig bezeugte Mitgefühl (nicht jedoch Mitleid!) ihrer Umwelt angewiesen. Denn selbst wenn es auf den ersten Blick nicht so scheint, selbst wenn der Schmerz um den Verlust alles andere zu überlagern scheint: Das Mitgefühl, das Sie dem Trauernden entgegenbringen – zunächst mündlich, später auch schriftlich – spendet Trost. Selbst wenn es nur deshalb ist, weil keiner der Hinterbliebenen geahnt hat, dass auch Sie den Verstorbenen kannten und nun vermissen.

Jeder trauert anders

Der eine versinkt im stummen Leid, fällt in eine tiefe Depression. Der andere tut seinen Schmerz mit lautem Weinen oder vielleicht sogar hilflosen Aggressionen kund. Der

Dritte muss möglichst viel reden – über die Krankheit oder den Unfall, das Leben und den Tod eines lieben Menschen. Jeder geht anders damit um, einen solchen Verlust zu verarbeiten. Als nicht direkt Betroffener ist es Ihre menschliche Pflicht, auf diese sehr unterschiedlichen Reaktionen einzugehen und entsprechend zu reagieren: mit Trost, mit Zuhören, mit Verständnis auch für ungewöhnliche und Ihnen fremde emotionale Äußerungen. Hüten Sie sich bitte davor, Ihre eigenen Empfindungen und Eigenschaften auf andere zu übertragen: Ihre ganz persönliche Art des Trauerns muss nicht auch für andere die passende sein. Selbst wenn jemand still trauert und seine Gefühle nicht offen zeigt oder zeigen kann: Jeder Mensch ist dankbar dafür, wenn andere ihm verbal (und vielleicht sogar tatkräftig mit einem Hilfsangebot) vermitteln, dass sie als Außenstehende seinen Verlust mittragen.

Wenn man den Trauernden zum ersten Mal trifft

Es ist ganz sicher nicht leicht, einem Hinterbliebenen, dem man nach dem Todesfall zum ersten Mal begegnet, in passenden Worten das eigene Mitgefühl auszudrücken. Vielleicht wissen Sie nur von inoffizieller Seite etwas von dem Todesfall; oder Sie haben sich vielleicht nicht besonders gut mit dem Toten oder seiner Familie verstanden. Das macht es schwerer, ganz spontan dennoch passende Worte zu finden.

Jeder von uns scheut sich und weiß nicht so recht, wie man am besten auf einen Trauernden zugehen soll, wie man sowohl hörbar geäußertem Schmerz, aber auch still-

verhaltenem Leid begegnet. Es gibt keine Verhaltensmaß-
regeln und keine Benimmvorschriften dafür – am besten
tun Sie, was Ihnen die Situation eingibt. Es kommt selbstverständlich auch stets auf die Beziehung an, die Sie zum
Trauernden haben: Ist es ein Familienangehöriger, ein
guter Freund, ein Nachbar, ein Vereinskamerad, ein Arbeitskollege oder »nur« ein entfernter Bekannter? »Trösten« – so sagt eine alte Weisheit – »ist eine Kunst des Herzens –sie besteht oft darin, liebevoll zu schweigen und
schweigend mitzufühlen.«
Sie können sehr viel tun, indem Sie dem Trauernden
signalisieren, dass der Schmerz, die Gefühle und Tränen
für Sie in Ordnung sind – und das ganz unabhängig
davon, wie weit der tatsächliche Verlust zurückliegt. Versuchen Sie nicht, mit Ablenkung oder Aufmunterung den
anderen aus seiner Trauer holen zu wollen, sondern akzeptieren Sie seinen Schmerz. Verdrängt wird in unserer
Welt schon genug.
Gehen Sie auf die Hinterbliebenen zu, und beobachten Sie
genau die Reaktion: Wollen die Personen über ihre Trauer sprechen? Dann lassen Sie sie reden. Wollen sie ihre
Ruhe, lassen Sie sie in Ruhe. Es ist nicht an Ihnen zu entscheiden, was für die jeweilige Person gut ist und was
nicht. In manchem Fall mag ein beredter Händedruck oder
eine wortlose Umarmung angebracht sein – auch bei Menschen, denen Sie eigentlich gar nicht so nahe stehen. Aus
der Situation heraus kann solch eine Geste mehr Mitgefühl ausdrücken als ein dahingemurmeltes »Mein Beileid«,
bei dem Sie dem Trauernden aus lauter Scheu nicht mal
in die Augen blicken.

Ein Blick sagt mehr als 1000 Worte

Halten Sie bitte beim Händedruck und den Beileidsworten stets Blickkontakt mit Ihrem Gegenüber: Zum einen wirkt dies ehrlich und offen, zum anderen erkennen Sie so schnell, wie der von Ihnen Angesprochene auf Ihre Worte reagiert, ob Sie ihn zusätzlich umarmen oder ob Sie ihm weitergehende Hilfe anbieten.

Seien Sie aufrichtig

Es gibt wohl kaum etwas Banaleres als die Worte »(Mein) Beileid!«. Dennoch sind sie noch immer gang und gäbe. In den meisten Fällen entspringt das Murmeln dieser Kondolenzfloskel wohl einfach der Verlegenheit, die jeden von uns befällt, wenn er mit dem Tabuthema Sterben und Tod konfrontiert ist. Noch schlimmer, wenn Sie zu den beiden banalen Wörtchen noch das Adjektiv »aufrichtig« stammeln. Da fragt man sich doch, ob es auch ein »unaufrichtiges Beileid« gibt.

Haben Sie keine Scheu, einem Hinterbliebenen zu sagen, dass Sie keine Worte finden, dass Sie kaum wissen, wie Sie ihm gegenüber Ihr Mitgefühl ausdrücken sollen. Durchaus mit Worten wie »Ich weiß gar nicht, was ich sagen soll zu diesem Schicksalsschlag« oder »Mir fehlen wirklich die Worte – ich weiß nicht, wie ich dich trösten kann« oder »Dieser Unfall ist so furchtbar, da fehlen mir alle Worte – selbst die des Trostes«. Solche Sätze sind ehrlicher und zeigen Ihrem Gegenüber besser, dass Sie wirklich tief getroffen sind.

Seien Sie aber bitte nicht zu ehrlich: Es zeugt weder von feiner Lebensart noch (und das ist schlimmer!) von Mitgefühl, wenn Sie einer Witwe beim ersten Treffen sagen, dass sie ohne ihren Mann vielleicht besser dran ist. Selbst die Worte »Wer weiß, wofür es gut ist« sind schlicht und einfach pietätlos! Hüten Sie sich auch vor platten Sprüchen wie »Das Leben geht weiter« oder »Die Zeit heilt alle Wunden«.

Kondolieren am Telefon?

Nur im engsten Familien- und Freundeskreis ist es üblich, per Telefon zu kondolieren. Aber auch dann bleibt Ihnen ein Kondolenzbrief nicht erspart. Allerdings steht in einem solchen Fall ein spontanes Hilfsangebot im Vordergrund. Sie sollten übrigens auch im Berufsleben nicht zögern, einem Kollegen, der von einem unerwarteten Todesfall betroffen ist – und von dem Sie beispielsweise nur kurze Zeit später als er selbst erfahren – spontan per Telefon Ihr Mitgefühl auszudrücken und Ihre Hilfe anzubieten.

Vorsicht mit religiösen Inhalten

Religiöse Äußerungen (etwa: »Es war Gottes Wille«) sollten Sie vermeiden, vor allem wenn Sie nicht wissen, wie der Trauernde zu Religion im Allgemeinen steht. Lediglich wenn Sie selbst ein sehr gläubiger Mensch sind und der Trauernde dies auch weiß, können Sie versuchen, tröstende Worte mit religiösem Inhalt zu sprechen.
Seien Sie aber nicht überrascht und fühlen Sie sich nicht missverstanden oder gar zurückgestoßen, wenn ein Mensch, der einen schweren Schicksalsschlag erlitten hat – und dies ist der Tod einer geliebten Person ganz ohne Zweifel –, mit Ihren Äußerungen nichts anzufangen weiß

oder Sie vielleicht sogar zurückweist und aggressiv reagiert.

Wenn Sie beispielsweise an die Flutkatastrophe in Südostasien denken, die an den Weihnachtstagen 2004 wohl weit mehr als 300.000 Tote forderte: Viele Deutsche sind ebenfalls betroffen, viele Familien haben Tote zu beklagen, können jedoch keinen Abschied nehmen, weil die Angehörigen noch immer vermisst sind und vielleicht nie wieder auftauchen. In einem solchen Fall ist es selbst für Priester und ausgebildete Seelsorger schwer, eine tröstliche »Erklärung« in der Religion zu finden.

Bieten Sie Ihre Hilfe an

Im Familienkreis und unter guten Freunden sollte dies eine Selbstverständlichkeit sein: Sie können den direkt Betroffenen so manches abnehmen und die eine oder andere Aufgabe erleichtern. Beispielsweise

- unterstützen Sie enge Familienmitglieder bei der Planung der Trauerfeier,

- betreuen Sie kleinere Kinder,

- kümmern Sie sich um ältere Familienangehörige,

- helfen Sie beim Schreiben oder Verfassen von Briefen und Mitteilungen.

Selbst scheinbar banale Tätigkeiten wie das Zubereiten von Mahlzeiten für die Hinterbliebenen können die schwerste Zeit der ersten Trauer bis zur Bestattung erleichtern. Und genau dies können Sie beim mündlichen Kondolieren anbieten. Bieten Sie Ihre Hilfe auch dann an, wenn beispielsweise ein Kollege einen Trauerfall in der Familie hat: Vielleicht können Sie ihm Arbeit abnehmen und ihn so in dieser Zeit unterstützen.

Seien Sie einfach da!

Trauernde fühlen sich oft allein gelassen. Vielen Menschen tut es deshalb gut, zu spüren, dass jemand da ist. Das heißt nicht immer unbedingt, dass Sie aktiv etwas tun oder ständig in Gesellschaft des Betroffenen sein müssen. Signalisieren Sie einfach Ihre Anwesenheit und Ihre Verfügbarkeit. Sie können Ihre Hilfe wie schon beschrieben bei der mündlichen Kondolenz anbieten. Aber auch eine Karte mit einer Telefonnummer und dem Hinweis, dass Sie zu jeder Zeit erreichbar sind, tut vielen Trauernden sehr gut. Auch immer mal wieder von sich aus anrufen und nachfragen, wie es geht, manchmal einfach nur dabeisitzen, wenn jemand weint, gemeinsame Spaziergänge zum Friedhof – all das sind Dinge, die Sie tun können.

Das Wichtigste: Hören Sie zu!

Viele Trauernde möchten in bestimmten Phasen wieder und wieder über die Person, die sie verloren haben, sprechen. Dabei wiederholen sich die Geschichten oft – dazu werden vielleicht immer wieder dieselben Fotos oder andere Erinnerungsstücke hervorgeholt. Hören Sie zu und signalisieren Sie Interesse. In dieser Zeit ist der Schmerz so übermächtig, dass es für den Betroffenen einfach notwendig ist, über den Toten zu sprechen. Und es tut gut, dann auf Verständnis zu stoßen.

Seien Sie sich über Ihre persönlichen Grenzen im Klaren

Sie müssen selbst für sich sehen, wie viel Auseinandersetzung Sie mit der Trauer eines anderen Menschen aushalten können. Wenn wir einen anderen Menschen trauern sehen, kommen wir auch in Berührung mit unseren eigenen Ängsten, unseren eigenen Verlusten und unserem Schmerz. Denken Sie hier zunächst an sich selbst. Vermeiden Sie es aber, den anderen deshalb von seiner Trauer ablenken zu wollen, und fühlen Sie sich nicht schuldig. Sie sind dem anderen keine Hilfe, wenn Sie selbst seelisch zusammenbrechen, weil bei Ihnen eventuell unverarbeitete Verluste aufbrechen. Machen Sie das im Notfall transparent, indem Sie sagen, dass Sie merken, dass Sie nicht stark genug sind für den Schmerz des anderen, weil bei Ihnen selbst so viel Schmerz oder Angst ist.

Wenn Trauernde mit dem Verlust nicht fertig werden

Es kann auch passieren, dass Menschen mit dem Verlust, den sie erlitten haben, nicht klarkommen. Da Sie selbst wahrscheinlich keine therapeutische Ausbildung haben, sind in diesem Fall Ihren persönlichen Möglichkeiten Grenzen gesetzt. Sie dürfen nicht selbst an der Trauer des anderen kaputtgehen. Informieren Sie sich über Trauerberatungen, Selbsthilfegruppen und andere Einrichtungen, die im Notfall weiterhelfen können. Zeigen Sie behutsam diese Möglichkeiten auf, wenn Sie merken, dass Sie selbst nicht mehr mit der Situation zurechtkommen.

KAPITEL 4

Beileidsbriefe

Während wir heute unsere Trauer kaum mehr mit über-
lieferten Trauerfristen verbinden – Trauer orientiert sich
ja auch nicht an Äußerlichkeiten, sie hängt von der inneren Einstellung ab –, gelten für die Kondolenz doch noch
gewisse Regeln, die schon aus Höflichkeit beachtet werden sollten.

Beileidsschreiben sind ein Teil aktiver Trauerarbeit, sind
der mögliche Beginn eines Dialogs, den Sie mit den Hinterbliebenen führen. Sie signalisieren damit, dass Sie an
die vom Tode betroffenen Hinterbliebenen denken. Sie
machen mit Ihrem Schreiben ein Angebot zum Gespräch,
zum Kontakt.

Ein Beileidsschreiben setzt ein Zeichen gegen Gleichgül-
tigkeit und das Vergessen. Mit dem Beileidsschreiben wollen Sie Ihre individuelle Trauer den Angehörigen und
Hinterbliebenen übermitteln. So gesehen dient ein Kondolenzschreiben sowohl Ihnen selbst als auch denen, an
die Sie es richten.

Damit Sie keine Gefühle verletzen ...

Für Trauernde – vor allem für die Familie, für Ehe- und Lebenspartner – gewinnen Kleinigkeiten an Bedeutung, die in den Augen Außenstehender belanglos erscheinen. Nehmen Sie darauf Rücksicht. Sicher wollen Sie niemanden bewusst verletzen, indem Sie es etwa versäumen, Ihr Mitgefühl möglichst umgehend auszudrücken. Halten Sie sich dabei an folgende Regeln:

- Das Beileidsschreiben versenden Sie so schnell wie möglich nach dem Erhalt der Todesnachricht. Es ist unhöflich und verletzt die Hinterbliebenen, wenn Sie mit Ihrem Kondolenzbrief länger als eine Woche ins Land gehen lassen.

- Es gibt nur eine »erlaubte« Ausnahme von dieser Regel: wenn Sie auf Reisen waren und deshalb erst später vom Todesfall erfahren haben. Dies können (und sollten) Sie dann in Ihrem Kondolenzbrief erwähnen.

- Ein Kondolenzbrief wird im Normalfall immer handschriftlich verfasst. Auch hier ist nur eine Ausnahme erlaubt: wenn Ihre Handschrift wirklich völlig unleserlich ist. Aber selbst dann sollten Sie die Anrede und die Grußformel mit der Hand schreiben.

- Absolut tabu sind Kondolenzschreiben per Fax oder E-Mail. Das sollte Sie aber nicht daran hindern, wenn Sie beispielsweise in der Firma vom Todesfall in der Familie eines nahe stehenden Kollegen erfahren, diesem kurz per E-Mail Ihr Mitgefühl auszudrücken – das offizielle Kondolenzschreiben jedoch bleibt Ihnen deshalb nicht erspart. Ein für jeden einsehbares Fax jedoch ist selbst für einen ersten Ausdruck des Beileids gänzlich ungeeignet!

- Wenn Sie vom Tod eines Freundes, Familienmitgliedes oder Geschäftspartners schriftlich informiert werden, müssen Sie schriftlich kondolieren. Eine Beileidsbezeugung am Telefon reicht dann nicht aus.

- Versuchen Sie – ob bei mündlicher oder schriftlicher Kondolenz –, allgemeine Floskeln wie »mein Beileid« zu vermeiden. Bringen Sie Ihr Mitgefühl in Ihren eigenen Worten zum Ausdruck, etwa mit den Worten »Ich fühle mit Ihnen«, »Ich werde sehr an Sie denken« oder »Ich wünsche Ihnen die Kraft, diese schwere Zeit zu überstehen«.

Wie Sie Ihr Mitgefühl ausdrücken

Ein Beileidsbrief ist der schriftliche Ausdruck der Trauer, die Sie zusammen mit den Hinterbliebenen empfinden. Sie verfassen ihn bitte sofort, nachdem Sie vom Todesfall erfahren haben – gleichgültig, ob Sie persönlich informiert werden oder durch eine Zeitungsmeldung oder -anzeige. In einem Kondolenzbrief – gerade innerhalb der Familie und bei guten Freunden – sollte etwas mehr stehen als nur »herzliches Beileid« oder gar nur Ihre Unterschrift unter dem auf einer Kondolenzkarte vorgedruckten Text.
Ein Beileidsschreiben hält eher eine Art Rückschau. Vielleicht gelingt es Ihnen, in schlichten Worten die Momente noch einmal aufzuzeigen, die Sie mit dem/der Verstorbenen erlebt haben. Standen Sie dem Toten und seiner Familie nicht sehr nahe und wollen Sie dennoch ausdrücken, dass Sie das Leid der Hinterbliebenen anrührt und betrifft, können Sie sich kürzer fassen. Aber auch hier bitte die üblichen Floskeln vermeiden.

Ganz besonders schön ist es, wenn Sie Gutes über den Verstorbenen berichten können. Vielleicht eine nette Begebenheit, die Sie mit ihm erlebt haben.

Vielen Menschen fällt es leichter, ihr Mitgefühl in Worte zu fassen, wenn sie ihr Schreiben mit einem Zitat oder einem Aphorismus beginnen oder in ihren Brief einbetten. Dagegen ist nichts einzuwenden – so manches weise Dichterwort bringt vielleicht genau das auf den Punkt, was Sie ausdrücken wollen.

Beachten Sie bitte nur Folgendes:

- Geben Sie ein Zitat nicht als »eigene Schöpfung« aus.

- Prüfen Sie genau, ob der Dichterspruch wirklich auf die Situation, auf die Verhältnisse und die Menschen passt. Nichts wäre peinlicher, als wenn es zu Zweideutigkeiten käme.

- Bibelzitate oder fromme Sprüche verwenden Sie nur dann, wenn Sie wissen, dass die Trauernden religiös sind. Und selbstverständlich auch dann, wenn Sie selbst als Schreibender bekennend und aktiv gläubig sind.

Die Tabus

- Einen Beileidsbrief verschicken Sie niemals offen oder als Postkarte. Allein deshalb schon verbietet sich der Versand als Fax.

- Sie haben in Ihrer Firma eine Stempel- oder Frankiermaschine? Bitte benutzen Sie diese nicht, wenn Sie einen Beileidsbrief frankieren! Kondolenzschreiben werden stets mit Briefmarken versehen. Weisen Sie auch Ihr Sekretariat darauf hin.

Wenn Sie selbst die Briefmarken kaufen, können Sie ein Übriges tun und ein Motiv auswählen, das dem traurigen Anlass entspricht.

■ Selbst wenn es in jedem Schreibwarenladen (oder den entsprechenden Abteilungen der Warenhäuser) anders angeboten wird: Schwarz umrandetes Papier (Umschläge, Briefbögen und Karten) ist den Angehörigen vorbehalten. Sie als Kondolierender verwenden kein solches Papier. Lediglich der Briefumschlag kann einen schwarzen Rand tragen.

■ Auch wenn Sie der Inhaber oder Geschäftsführer einer Firma sind: Für ein Beileidsschreiben nehmen Sie niemals Geschäftspapier her, sondern stets einen normalen weißen Briefbogen. Eine Ausnahme ist es, wenn in Ihrer Firma geschäftliche Briefbögen für repräsentative Zwecke existieren: Dort ist niemals der Hinweis auf eine Bankverbindung oder Ähnliches zu finden, und einen solchen Briefbogen können Sie verwenden, falls Sie »offiziell« als Mitarbeiter oder Inhaber des Unternehmens kondolieren.

■ Wer als Privatperson ein Beileidsschreiben verschickt, benutzt niemals buntes oder verziertes Papier, sondern ebenfalls rein weißes (oder unter Umständen graues) Briefpapier. Auch hier – wie schon erwähnt – ohne schwarzen Trauerrand.

■ Veraltet ist die Anschrift »An das Trauerhaus« – das ist heute nicht mehr üblich. Schreiben Sie einfach »Familie ...« oder »Frau/Herrn ...«

■ Beileidsbriefe stehen stets für sich allein. Man verschickt sie nicht zusammen mit Anlagen oder anderen Nachrichten.

Die richtige Sprache

Die Trauer um den Verstorbenen und unsere heute übliche gesellschaftliche Scheu vor dem Tod machen es uns nicht leicht, die richtigen Worte zu finden. Wer sich in einem Brief an seine trauernden Mitmenschen wendet, muss seine Wortwahl ganz besonders feinfühlig gestalten. Seien Sie nicht allzu pathetisch, verfallen Sie nicht in schwülstige Phrasen, verklären Sie den Verstorbenen nicht zu einem Heiligen. Selbst wenn natürlich auch in unserer Zeit noch die Weisheit aus dem alten Rom gilt »de mortuis nihil nisi bene« – »Über Tote soll man nur Gutes reden«. Selbstverständlich schreiben Sie daher nichts Negatives oder gar Flapsiges in der Art von »Sie werden Ihr Leben jetzt besser meistern können«.

Es ist sicher nicht leicht, das eigene Mitgefühl in passenden Worten auszudrücken. Hüten Sie sich bitte stets vor platten Aussagen wie »Das Leben geht weiter« oder »Die Zeit heilt alle Wunden«. Auch religiöse Äußerungen (etwa: »Es war Gottes Wille«) sollten Sie vermeiden, vor allem wenn Sie nicht wissen, wie der Trauernde zu Religion im Allgemeinen steht. Vermeiden Sie außerdem alles, was nur vordergründiger Trostversuch sein kann, wie beispielsweise beim Tode nach einer schweren Krankheit der Satz: »Wer weiß, was Ihrer Tochter erspart blieb.« Das mögen sich die Hinterbliebenen unter Umständen selber denken, aber es lindert keineswegs den Schmerz um den Verlust. Erkennen Sie im Gegenteil den Verlust an, versichern Sie, dass es eine wirkliche Tragödie ist, dass dieser besondere Mensch gestorben ist.

Ganz gleich, ob Sie eher eine Beziehung zu den Hinterbliebenen haben oder zum Verstorbenen: Es wird immer darum gehen, Ihr Mitgefühl auszudrücken – aus der Überzeugung heraus, dass die Menschen, denen Sie schreiben, etwas sehr Wertvolles verloren haben. Eigentlich können Sie alles schreiben, was Sie empfinden. Fehlt es Ihnen angesichts der Tragödie an Worten, dann schreiben Sie einfach genau dies.

Es gibt außerdem immer etwas Gutes, das sich zu berichten lohnt. Stellen Sie sich vor, Sie hätten eine letzte Chance, dem Verstorbenen Ihre Wertschätzung mitzuteilen, ihm zu sagen, was Ihnen an ihm gefällt. Das, was Ihnen dazu einfällt, können Sie auch den Hinterbliebenen berichten. Sie werden merken, es tut auch Ihnen gut, denn wie oft haben wir das Gefühl, dass wir so gerne noch dieses oder jenes gesagt hätten, wenn wir nur gewusst hätten ... Bleiben Sie aber ehrlich. Äußern Sie keine Gefühle, die Sie nicht haben, nur weil Sie meinen, dass man das von Ihnen erwartet. Ihr Gegenüber wird spüren, dass das nicht echt ist – und das verletzt dann umso mehr. Vielleicht können Sie auch etwas zu der Beziehung sagen, die Sie zum Verstorbenen hatten, und darüber, was er für Ihr Leben bedeutete. Solange Sie ehrlich bleiben und negative Bewertungen vermeiden, werden Sie die richtigen Worte finden.

Die Muster für Trauerbriefe, die im Anschluss folgen, sind natürlich nicht als Wort für Wort kopierbare Vorlagen geeignet. Dafür sind Menschen und Lebensumstände zu verschieden. Die Beispiele sollen Ihnen lediglich aufzeigen, auf welche Art man einem nahe stehenden Verwandten kondoliert oder wie man der Witwe eines guten Freundes seine Trauer ausdrückt. Sie sind als Richtschnur zu verstehen, in welchem Ton man einem Trauernden schreibt, und zeigen Ihnen außerdem eine Fülle von Möglichkeiten auf – Sätze, Redewendungen, Trostworte, Beileidsbekundungen –, mit denen Sie im Einzelfall sicher die richtigen Worte finden.

Besonders tragisch: der Tod
eines jungen Menschen

Wenn ein alter Mensch stirbt, kann man meist davon ausgehen, dass er ein erfülltes Leben gehabt hat. Vielleicht kommt der Tod auf Grund sehr hohen Alters oder einer langen, schweren Krankheit auch nicht überraschend. Das macht den Verlust zwar nicht leichter, jedoch selbst für die trauernden Hinterbliebenen erklärbar. Anders sieht es aus, wenn ein Unfall oder eine schwere Krankheit einen jungen Menschen, vielleicht sogar ein Kind, aus dem Leben reißt. In den folgenden Musterbriefen finden Sie daher zunächst Vorschläge für solche Fälle.

Kondolenzbriefe zum Tode eines Kindes sind eine besonders heikle und schwierige Sache. Selbst wenn Sie vielleicht aus der Familie des verstorbenen Kindes nicht alle Familienmitglieder kennen, so sind aber doch alle betroffen und in seelischer Not. Sprechen Sie diejenige Person an, die Sie am besten kennen, der Ihre Hauptaufmerksamkeit gilt, aber beziehen Sie die anderen möglichst mit ein. Wenn Sie z. B. wissen, dass der Verstorbene Geschwister hat, so denken Sie auch an diese. Gerade Geschwister werden allzu oft in ihrer Trauer übersehen. Man kondoliert nur den Eltern und vergisst, dass auch sie leiden.

Je mehr Sie den Eltern, Geschwistern oder Großeltern etwas vom Kind erzählen können, umso mehr können Sie den Hinterbliebenen versichern, dass das Kind auch Ihnen etwas bedeutet hat. So können Erzieher, Lehrer, Schulfreunde oder Ausbildungskollegen den Eltern oft Dinge berichten, die den Angehörigen vollkommen neu sind. Denn sie haben das Kind bzw. den Jugendlichen wahrscheinlich in einer völlig anderen Umgebung erlebt als die Familie. Es kann Hinterbliebenen gut tun zu erfahren, dass ihr Kind fröhlich war, dass es sich um Schwächere bemüht oder dass es Diskussionen bereichert hat, dass es freiwillig unliebsame Arbeiten übernommen hat, dass es sich gut für seine Interessen einsetzen konnte, ohne die der anderen aus den Augen zu verlieren, dass für gute Stimmung gesorgt hat ...

Vielleicht können Sie etwas sagen über die Beziehung zwischen dem, den Sie trösten wollen, und dem Kind. Etwa, dass der Verstorbene immer sehr liebevoll, bewundernd oder dankbar von Bruder, Schwester, Vater, Mutter oder Großeltern erzählt hat. Oder dass Sie gespürt haben, wie sehr der, den Sie trösten wollen, den Verstorbenen geliebt hat. Dass der Verstorbene wirklich Glück mit seiner Familie gehabt hat, dass Sie ihn immer um seine Geschwister beneidet haben ...

Aber auch hier gilt: Schreiben Sie es nur, wenn Sie es auch wirklich fühlen.

Musterbriefe

An die Nachbarn zum Unfalltod ihres Sohnes

Sehr geehrte Familie Huber,

tief erschüttert habe ich vom schrecklichen Unfall gehört, dem Ihr Sohn zum Opfer fiel. Wie es zu diesem Unglück kam, werden wir wohl nie genau erfahren. Ebenso wenig werden wir begreifen können, warum Gott diesen jungen Menschen so früh zu sich genommen hat.
Mit meinen Gedanken bin ich bei Ihnen.

Mit stillem Gruß
Ihr Werner Meyer

An gute Bekannte nach tödlichem Unfall ihrer jugendlichen Tochter

Liebe Frau Stadler, lieber Herr Stadler,
liebe Gabriele, lieber Jürgen,

fassungslos und erschüttert möchten wir Ihnen und euch unser tief empfundenes Beileid ausdrücken. Ich erfuhr im Urlaub von dem tragischen Verlust und war und bin täglich mit meinen Gedanken bei Ihnen. Mein Mann ist stark berührt, ihm fehlten die Worte. Auch mir fällt es sehr schwer, etwas Tröstendes zu schreiben, aber mir ist es ein Bedürfnis, Ihnen zu sagen, wie gern wir Sabine hatten. Ihre Tochter und eure Schwester war uns sehr nah. Nicht nur deshalb, weil sie die beste Freundin unserer Tochter war. Ihr freundliches und offenes Wesen und ihre willensstarke Art haben wir sehr gemocht und geschätzt.
Einige Male habe ich mich mit Sabine länger unterhalten. Ich möchte Ihnen sagen, dass sie sich mit Ihnen und euch sehr verbunden fühlte und sich viele Gedanken über das Wohlergehen Ihrer Familie machte. Dankbar erinnere ich mich auch daran, dass ich durch das Zusammensein mit ihr oftmals mein eigenes Kind besser verstehen konnte.
Liebe Familie Stadler, können wir irgendetwas für Sie tun? Wenn Sie den Wunsch haben, uns zu besuchen, auch zu einem viel späteren Zeitpunkt, lassen Sie es uns wissen. Auch wenn meine Erfahrung mit Ihrem Schmerz in keiner Weise vergleichbar ist, weiß ich aus eigenem Erleben, dass Reden dabei helfen kann, sich mit dem Unfassbaren auseinander zu setzen. Ich glaube, es wäre der Wunsch von Sabine gewesen, dass Sie sich an die schöne und glückliche Zeit mit ihr erinnern und darin die Kraft finden, Ihr großes Leid zu lindern.

In tiefer Verbundenheit
Sieglinde und Franz Mayerhofer

An die Nachbarn nach dem Krebstod
ihres Kindes

Liebe Familie Schmidt,

mit großer Betroffenheit haben wir vom Tode Ihres Kindes erfahren. Wir wissen auch, dass keine Worte ausdrücken können, was Sie nun bewegt. Trotzdem wünschen wir Ihnen viel Kraft, diese schweren Tage und die Zukunft, die Ihnen ziemlich düster erscheinen muss, zu überstehen, in dem Glauben, dass es irgendwann einmal auch wieder einen Weg aufwärts zum Licht geben wird.

Ihre Familie Kölbel

An Bekannte nach tödlichem Unfall
ihres Kindes

Liebe Frau Schaper, lieber Herr Schaper,

auch wenn wir nicht in so engem Kontakt zueinander stehen, ist es mir doch ein inniges Bedürfnis, meine Anteilnahme am Verlust Ihrer kleinen Tochter Simone auszusprechen. Neulich trafen wir uns noch vor dem Freibad und haben ein paar Worte gewechselt.
Verstehen wird man dieses unfassbare Unglück nie, und es ist nicht leicht, tröstende Worte für Eltern und Familie zu finden. Doch möchte ich versuchen, Sie als Eltern mit meinen Gedanken zu unterstützen, die Ihnen Kraft und Fassung geben mögen für die Überwindung der entsetzlichen Leere, die Ihr Kind Simone hinterlässt.

Mit stillem Gruß
Marianne Hagmann

Nachbarn an Eltern und Geschwister eines an Krebs gestorbenen Kindes

Liebe Frau Müller, lieber Herr Müller, liebe Kinder,

die traurigsten Stunden im Leben sind, wenn man ein geliebtes Kind zu Grabe geleiten muss. Gott möge Ihnen in diesen schweren Stunden viel Kraft und Trost verleihen, wir trauern mit Ihnen.

Angela und Stefan Wiechmann

Bekannte an Eltern nach tödlichem Sportunfall des Sohnes

Liebe Familie König,

mit Bestürzung haben wir vom Tod Ihres Sohnes Georg erfahren. Unser aufrichtiges Mitgefühl begleitet Sie in diesen schweren Tagen und Wochen. Zwar kann dies gewiss kein Trost über den Verlust Ihres Sohnes sein. Verstehen Sie es aber bitte als Zeichen, dass Sie in uns immer Freunde finden werden, die jederzeit für Sie da sind.

Mit herzlicher Verbundenheit
Familie Naumann

Freunde an Familie nach Krebstod eines Kindes

Liebe Sonja, lieber Gerd, liebe Kinder,

in Gedanken und Gebet bin ich oft bei euch und möchte euch einfach sagen, dass wir ganz fest an euch denken. Sicher ist es für euch alle miteinander an jedem neuen Tag schwer, Stefan nicht mehr bei euch zu haben und ihm nur noch in Worten und Gedanken zu begegnen.

Ich möchte dafür beten, dass euch die Kraft für jeden Tag geschenkt werde und euch die Gewissheit, dass Stefan jetzt geborgen ist, ganz tief ins Herz wächst.

Seid lieb gegrüßt.
Christiane

Freundin an Witwe

Liebe Irene,

der Tod deines Mannes hat mich mit großer Trauer erfüllt. Ich habe ihn als einen Menschen kennen gelernt, dessen Meinung ich stets geschätzt und geachtet habe.
Es fällt mir schwer, in dieser Situation Worte des Trostes zu finden. Aber solltest du Hilfe bei den jetzt zu treffenden Regelungen benötigen, so stehe ich dir jederzeit zur Verfügung.

Deine Susanne

Freundin zum Tod des Vaters

Liebe Margret,
tief betroffen habe ich vom Heimgang deines lieben Vaters gehört. Aus eigener leidvoller Erfahrung weiß ich, wie es ist, einen so nahe stehenden Menschen zu verlieren. Ich kann mir gut vorstellen, wie es jetzt in dir aussieht. Doch sollte es dich trösten, dass dein Vater nicht leiden musste. Nach einem langen und erfüllten Leben sanft einschlafen zu dürfen ist eine Gnade.
In Gedanken wird dein Vater immer bei dir und deiner Familie bleiben. Mit meinem Fühlen und Denken bin ich in diesen Tagen bei dir.

Deine Ulrike

Nachbar an Witwer

Sehr geehrter Herr Fuchs,

es ist noch gar nicht lange her, dass Sie mir sorgenvoll von der schweren Krankheit Ihrer Frau erzählten. Sie ahnten damals bereits, dass die Bemühungen der Ärzte das Schicksal nicht mehr würden abwenden können.
Heute las ich nun die Todesanzeige im Stadtanzeiger, die mich sehr erschütterte. Ich nehme Anteil an Ihrem großen Leid. Die Liebe zu Ihren beiden Kindern wird Ihnen hoffentlich die Kraft geben, das Geschehene gefasst zu ertragen.

Mit stillem Gruß
Rüdiger Stiller

Nachbar an Witwer (verspätet)

Sehr geehrter Herr Amberg,

erst jetzt erfuhr ich vom Ableben Ihrer Frau. Ich möchte Ihnen mein aufrichtiges Mitgefühl ausdrücken.
Ich weiß, wie schlimm es ist, einen geliebten Menschen zu verlieren. Darum versichere ich Sie meiner tiefsten Anteilnahme.

Mit stillem Gruß
Harald Gerber

Freunde an Witwer nach Krebstod der Ehefrau

Lieber Paul,

obwohl Elke nun schon lange krank war, konnten wir es gar nicht fassen, dass sie gestorben ist. Sie war immer so warmherzig und hat an alle gedacht. Weißt du noch, wie

sie sich um unsere tränenüberströmte Tochter gekümmert
hat? Die Kleine hatte eine Fünf und war so unglücklich.
Mit einem Kakao in der Küche hat Elke die Kindertränen
getrocknet. Auch damals war sie schon vom Krebs gezeich-
net. Aber an sich selbst hat sie nie gedacht.
Wir werden sie so vermissen! Wenn wir dir helfen können,
sind wir Tag und Nacht für dich da.
Unsere Gedanken sind bei dir.

Harald und Astrid

Freundin zum Tode des Vaters

Liebe Heike,

gestern habe ich aus der Zeitung vom Tod deines Vaters er-
fahren. Es hat mich tief erschüttert. Ich kann mich noch gut
daran erinnern, wie wir früher oft gemeinsam mit deinen El-
tern im Garten gesessen und viel Spaß gehabt haben. Be-
sonders dein Vater konnte so spannend und lustig erzählen.
In diesen schweren Zeiten möchte man oft keinen Menschen
außerhalb der Familie sehen. Wenn du aber dennoch je-
manden zum Reden brauchst, bin ich jederzeit für dich da.

Deine Yvonne

Freund an Witwe eines Freundes

Liebe Ingrid,

dein Anruf hat mich so mitgenommen, dass ich keine Wor-
te gefunden habe. Bitte sieh mir das nach. Ich habe erst
einmal nur geweint und versuche jetzt, dir so viel Trost
zuzusprechen, wie ich nur kann. Aber ich fühle mich hilf-
los und fürchte, nicht die richtigen Worte zu finden.

Du weißt, dass Gregor für mich mehr als nur irgendein Freund war. Uns hat mehr verbunden als das, was oft so schnell als Freundschaft bezeichnet wird. Über drei Jahrzehnte hinweg haben wir alles gemeinsam durchlebt – manche schlimmen Stunden und viele schöne Tage. Gregor war bei fast allen meinen Lebensstationen dabei, und er hat immer etwas eingebracht in unsere Beziehung. Ich denke noch oft daran, wie sehr er sich um unseren Hausbau oder später auch um die Ausbildung eurer Tochter Nicole gekümmert hat. Sein ganzes Denken und Handeln war geprägt von der Liebe zu seiner Familie und seinem Freundeskreis. Wir können alle dankbar sein, dass es ihn gab.

Ich weiß, dass Worte in dieser Situation nur wenig helfen können. Für euch, die Familie, ist der Verlust von Gregor zutiefst schmerzlich, und er ist unersetzlich. Ich hoffe, dass ihr Trost und neuen Mut findet. Du kannst auf diesem schweren Weg mit mir rechnen.

Wir alle fühlen und trauern mit dir. Auch deinen Eltern gilt mein herzliches Beileid.

In tiefer Trauer grüßt dich, auch im Namen seiner Familie, Richard

Bekannter an den Witwer eines Unfallopfers

Sehr geehrter Herr Goldberg,

mit großem Bedauern erfuhr ich, dass Ihre Frau den Verletzungen erlegen ist, die sie sich durch einen Verkehrsunfall zugezogen hatte. Ich kann aus eigenen leidvollen Erfahrungen mitfühlen, wie hart Sie dieser Schicksalsschlag getroffen hat. Tief berührt möchte ich Ihnen deshalb mein Beileid ausdrücken.

Ihr Frank Leonhard

Nachbarn zum Tode der Großmutter

Sehr geehrte Familie Geißendorf,

wir erlauben uns, Ihnen unser tief empfundenes Beileid zum Tode Ihrer Mutter, Schwiegermutter und Großmutter zu übermitteln.
Wir versichern Sie unseres tiefsten Mitgefühls.

Mit stillem Gruß
Familie Hellmann

Bekannter an Witwe (verspätet)

Liebe Frau Hagen,

erst heute erfuhr ich vom Tode Ihres Mannes – die Nachricht hat mich sehr betroffen gemacht.
Leider hatte ich nur einmal die Freude, ein längeres Gespräch mit Ihrem Mann führen zu können – das war vor etwa einem halben Jahr anlässlich Ihres Richtfestes. Er wirkte auf mich sehr lebensbejahend und optimistisch. Auch schien er immer sehr zielstrebig und genau zu wissen, was er wollte. Aus Gesprächen mit Ihnen weiß ich, wie nahe Sie beide sich standen und dass Sie besonders seine lebensfrohe Art so sehr an ihm mochten.
Es scheint so ungerecht, einen geliebten Menschen zu verlieren, und es mag Ihnen im Augenblick schwer vorstellbar sein, diesen schmerzlichen Verlust je überwinden zu können. Ich wünsche, dass Ihnen die kommenden schweren Tage durch Erinnerungen an das glückliche gemeinsame Leben mit Ihrem lieben Mann erleichtert werden.
Ich spreche Ihnen meine tief empfundene Anteilnahme aus.

Rüdiger Stellingdorf

Ehepaar an den Witwer einer Haushaltshilfe

Sehr geehrter Herr Kern,

die Nachricht vom Tode Ihrer Frau hat uns tief getroffen. Wir teilen mit Ihnen den Schmerz und wünschen Ihnen, dass Sie eines Tages Ihren Kummer überwinden werden. Ihre Frau war uns mehr als 30 Jahre lang eine wertvolle Hilfe und gehörte für uns zur Familie. Bitte lassen Sie uns wissen, wenn wir Ihnen in irgendeiner Form helfen können.

In tiefem Mitgefühl
Ihre Familie van Berg

Arbeitskollegen an die Witwe

Sehr geehrte Frau Lenz,

die Nachricht vom Todes Ihres Mannes hat uns alle sehr betroffen gemacht. Wir haben mit ihm einen kompetenten Kollegen und verständnisvollen Vorgesetzten verloren. Ihr Mann wird uns fehlen. Wir werden sein Andenken stets in Ehren halten.

Im Namen aller Kolleginnen und Kollegen
Wilhelm Liebrecht

Arbeitskollegen an die Witwe nach plötzlichem Tod

Sehr geehrte Frau Seifert,

die Nachricht vom Tod Ihres Mannes traf alle Mitarbeiter und auch mich als Vorgesetzten unvermittelt und schmerzlich.

Wir haben Ihren Mann, Karl-Heinz Seifert, als freund-
lichen, hilfsbereiten und verantwortungsvollen Kollegen
kennen gelernt, der seine Aufgaben sorgfältig erledigte und
nie Anlass zu Kritik gab.
Dieser Verlust reißt sowohl menschlich als auch beruflich
eine große Lücke in unsere Gemeinschaft. Wir trauern mit
Ihnen.

Im Namen aller Kolleginnen und Kollegen
Otto Schwab

Vorgesetzter an die Witwe

Sehr geehrte Frau Klein,

wenn wir über eine Wiese gehen und eine Blume pflücken,
fragen wir die Blume nicht, ob sie gepflückt werden möch-
te. Genauso plötzlich und unerwartet, wie wir die Blume
gepflückt haben, kann es passieren, dass jemand, der uns
sehr nahe steht, von uns geht. Es ist in einer solchen Si-
tuation immer schwierig zu verstehen, warum gerade wir
betroffen sind.
Auch ich kann Ihnen nur mein tiefes Mitgefühl aussprechen.
Eine Erklärung für diesen Schicksalsschlag habe ich leider
auch nicht. Ich bin zutiefst betroffen und bestürzt, denn Ihr
Mann war nicht nur mir immer wertvolle Unterstützung und
hervorragender Ratgeber, sondern auch allen Mitarbeite-
rinnen und Mitarbeitern ein hilfsbereiter und erfahrener Kol-
lege, der eine große Lücke hinterlassen wird.
Ich möchte Ihnen auf diesem Wege, auch im Namen der
gesamten Belegschaft, mein aufrichtiges Beileid ausspre-
chen. Wir werden Ihren Mann alle sehr vermissen.

Mit stillem Gruß
Nikolaus Bornhof

Arbeitskollegen an den Witwer nach Unfalltod

Lieber Herr Völkel,

der Tod Ihrer Frau hat uns sehr erschüttert. Wir trauern mit Ihnen und Ihrer Familie und sind selbst untröstlich über den Verlust eines herausragenden Menschen, der uns allen in den vielen Jahren seiner Betriebszugehörigkeit ans Herz gewachsen ist. Wir haben eine wahre Freundin verloren, die sich stets eingesetzt hat für das Wohl unseres Unternehmens. Gerade in harten Zeiten hat sie uns Mut gemacht. Und mehr noch: Sie hat uns durch ihren starken Willen und ihre unermüdliche Tatkraft einen Weg gezeigt, alle Schwierigkeiten und Krisen zu meistern.

Umso fassungsloser stehen wir an dem Platz, an dem sie noch am Tage des Unfalls ihren Aufgaben nachging, wie immer mit beispielsloser Hingabe, hohem Verantwortungsbewusstsein und großer menschlicher Wärme. Ihr ausgezeichneter Sachverstand, ihre selbstverständliche Hilfsbereitschaft und zuverlässige Freundlichkeit werden uns in der täglichen Arbeit fehlen. Darum fühlen wir mit Ihnen in Ihrer Trauer. Sicherlich ist der Verlust eines geliebten Menschen, mit dem man über viele Jahre gemeinsam durchs Leben gegangen ist, kaum zu verschmerzen. Doch ist es wohl ein Trost, in dieser mühsamen Zeit Kinder und enge Freunde um sich zu haben, mit denen man Schmerz und Erinnerung teilt.

Katharina Völkel war eine gute Kollegin und bei jedermann sehr beliebt. Wir werden ihren Humor, ihre Offenheit und ihre Fähigkeit, Menschen zusammenzuführen, vermissen und sie immer im Gedächtnis behalten. Dennoch: Wir alle werden lernen müssen, ohne Katharina weiterzuleben, ohne ihre Klugheit und ihr Fachwissen,

*ohne ihre Ratschläge und ihre Hilfe – vor allem aber ohne
ihre Menschlichkeit.*

*Wir sind Ihrer Frau für ihre Arbeit sehr dankbar. Wo im-
mer wir helfen und beraten können, stehen wir jetzt und
in Zukunft zu Ihrer Verfügung. Wir werden ihr Lebenswerk stets in Erinnerung bewahren und versuchen, es in
ihrem Sinne fortzuführen. Und wir sind uns sicher, dass
Sie die anteilnehmende Unterstützung erfahren, die Ihnen
über diese schmerzliche Zeit hinweghilft.*

*Mit aufrichtiger Teilnahme und in tiefer Verbundenheit
(Unterschriften der Kollegen)*

Mitarbeiter an den hinterbliebenen Sohn eines Firmengründers

Sehr geehrter Herr Kollmar,

*die Nachricht vom Tode Ihres Vaters erfüllt auch uns mit
aufrichtiger Trauer. Es ist immer schwer, Abschied zu nehmen, ganz besonders von den Eltern. Zu dem Verlust, der
Sie und alle Mitarbeiter der Supertex GmbH getroffen hat,
sprechen wir Ihnen unser herzliches Mitgefühl und unsere
tiefe Anteilnahme aus. Möge der Gedanke an das erfüllte
Leben Ihres Vaters und die Verantwortung für die weitere Entwicklung Ihres Unternehmens Ihnen Kraft in diesen
schweren Tagen geben.*

*Wir haben Ihren Vater in den vergangenen Jahren als
sachkundigen, ideenreichen und verständnisvollen Geschäftspartner kennen und schätzen gelernt. Er war ein
Unternehmer von großer Tatkraft, der mit Umsicht, aus-
gezeichnetem Fachwissen und großem menschlichen Verständnis die Grundpfeiler für den Aufbau Ihres Unternehmens gelegt hat und dessen Entwicklung entscheidend*

mitgestaltet hat. Bis zuletzt war Herr Robert Kollmar unserem Unternehmen ein treuer Freund, dessen Rat und Hilfe uns überaus wertvoll waren. Wir werden uns seiner dankbar und mit Hochachtung erinnern.

Friedhelm Koch im Namen aller Kollegen

Firmeninhaber an die Witwe

Liebe Frau Achternberg,

tief erschüttert stehen wir vor einem unfassbaren Schicksal. Ihr Mann, unser Kollege, Herbert Achternberg ist durch einen tragischen Unfall jäh aus unserer Mitte gerissen worden.

Wir, die Belegschaft der Schmidt GmbH, stehen unter dem Eindruck des furchtbaren Schocks dieses Geschehnisses. Wir arbeiteten täglich mit ihm, er war uns stets ein freundlicher, allzeit aufgeschlossener und hilfsbereiter Kollege. Sein Rat war allseits geschätzt, und sein Fachwissen verschaffte ihm die Achtung und den Respekt aller Kollegen und Kunden. Sein Umgang mit anderen war geprägt von Einfühlsamkeit und Toleranz. Durch seine besondere Art, Menschen zu führen und auf sie einzugehen, hatte Ihr Mann für sich persönlich und auch für unser Unternehmen sehr viel Sympathie erworben.

Ein Kollege wie Herbert Achternberg ist für uns unersetzlich. Wir wissen, was wir an ihm verloren haben, und werden ihn niemals vergessen.

Wir sind in Gedanken bei Ihnen und Ihren Kindern und wünschen Ihnen Kraft und Mut in dieser schweren Zeit. In tief empfundener Anteilnahme

Hans-Rüdiger Schmidt
im Namen aller Kolleginnen und Kollegen der Schmidt GmbH

Vereinskameraden an die Witwe

Sehr geehrte Frau Vahrenholz!

Trauer und Schmerz können wir Ihnen nicht abnehmen. Dennoch möchten wir Ihnen sagen, wie tief uns der Tod Ihres Mannes erschüttert hat. Als Freunde und Vereinskameraden macht uns dieser Verlust zutiefst betroffen. Die Hilfsbereitschaft und Kameradschaft von Detlef wird uns fehlen, bei unseren Übungsstunden und Auftritten werden wir ihn schmerzlich vermissen. Erlauben Sie uns, Ihnen unser tiefes Mitgefühl auszusprechen. Wir werden Detlef Vahrenholz stets in ehrenvollem Andenken behalten.

In tief empfundener Anteilnahme und Trauer
Vorstand und Mitglieder des Musikantenvereins

KAPITEL 5

Beisetzung und Trauerfeier

Die offizielle Verabschiedung von einem Verstorbenen findet auf dem Friedhof bzw. bei der Trauerfeier statt. Nachdem alle Formalitäten erledigt sind, nachdem Familie und Freude, Bekannte und Kollegen (unter Umständen auch Firmen und Institutionen) informiert wurden, ist nun der Zeitpunkt gekommen, in der Öffentlichkeit Abschied zu nehmen.

Trauerjahr und »Trauerarbeit«

Die meisten Hinterbliebenen empfinden die Beerdigung (oder bei Feuerbestattungen die entsprechende Trauerfeier) als wichtiges Ritual, das es ihnen ermöglicht, mit der »offiziellen« Trauer um den Toten abzuschließen. Die ganz persönliche, individuelle Trauerzeit hat damit nichts zu tun.
Vor noch gar nicht so langer Zeit war es üblich, dass Witwen und Witwer und auch die Waisen mindestens sechs Monate, in manchen Regionen sogar ein ganzes Jahr lang die so genannte Volltrauer trugen. Das hieß: Für ein halbes Jahr oder mehr musste man komplett schwarz geklei-

det gehen. Erst nach der offiziellen Trauerzeit war es gestattet, die schwarze Kleidung mit z. B. einem hellen Kragen aufzulockern. Unterwarf man sich dieser Tradition nicht, bot man Anlass zu Klatsch und Gerede. Während des Trauerjahres galt es außerdem als unmoralisch, sich neu zu binden oder sich nach einem neuen Partner umzusehen.

Diese alten Sitten gelten heute kaum noch: Inzwischen entscheidet jeder Hinterbliebene selbst, ob er seine Trauer sichtbar nach außen trägt – in Form entsprechender Kleidung – oder es vorzieht, seine Gefühle auf ganz persönliche Art zu verarbeiten. Schwarze Kleidung ehrt den Verstorbenen nicht stärker als Alltagskleidung, kann aber wiederum für den Trauernden äußeres Zeichen seiner Ausnahmesituation und Traurigkeit sein. Andererseits ist Schwarz heute eine Modefarbe – deshalb kann man kaum noch unterscheiden, ob jemand »Trauer« trägt oder aber einfach nur modisch gekleidet ist.

Die richtige Trauerkleidung

Unabhängig von irgendwelchen Modetrends ist Schwarz bei uns noch immer die Farbe der Trauer – im Gegensatz etwa zu Asien und sogar manchen Regionen in Spanien und Italien, wo man die Farbe Weiß mit Tod und Trauer assoziiert. In Deutschland können Sie sich, was die Kleidung bei der Beerdigung anbelangt, an folgende Faustregeln halten:

■ Je näher verwandt Sie mit dem Verstorbenen sind, desto mehr wird Schwarz in Ihrer Kleidung eine Rolle spielen. Damen wählen am besten ein Kostüm oder langärmliges Kleid. Im Herbst und Winter können Sie zur Beerdigung auch im dunklen Hosenanzug erscheinen.

■ Hut und Witwenschleier sind heute kein Muss mehr.

■ Als Mann tragen Sie einen schwarzen oder sehr dunklen Anzug mit der passenden Krawatte und ein weißes Hemd. Wenn Sie dem Toten sehr nahe standen, wählen Sie eine schlichte schwarze Krawatte.

■ Für entfernte Verwandte und Bekannte sind auch sehr dunkle Farben wie Dunkelblau oder -grau angemessen. Damen können unter dem Kostüm eine helle, sogar weiße Bluse tragen. Ein Kleid können Sie mit einem Tuch auflockern – bitte nicht in hellen bunten Farben, sondern in schwarz-weiß, grau oder auch dunkelblau.

■ Herren, die keine engen Angehörigen sind, tragen zum dunklen Anzug nicht unbedingt eine schwarze Krawatte – ein unifarbener dunkler oder ein schwarzgrundiger Schlips ist ebenfalls erlaubt.

■ Damen sind mit dunklen Strümpfen und Schuhen perfekt gekleidet. Tabu sind selbst im heißen Sommer nackte Beine. Beim Herrn sind schwarze Strümpfe und Schuhe ebenfalls angeraten.

■ In manchen Gegenden ist bei Männern das Tragen eines Trauerflors im Knopfloch des Jacketts üblich – ein Ausdruck der Ehrerbietung gegenüber dem Verstorbenen.

■ Leider ist es bei Herren und Damen oft zu sehen, aber dennoch ein Stilbruch: ein heller Trenchcoat über dunkler Trauerkleidung. Wählen Sie besser einen dunklen Mantel. Selbst Accessoires wie Schirm und Handtasche sollten dunkel sein.

■ Zu viel Schmuck ist bei einer Beerdigung unangebracht.

Die Beisetzung

Grundsätzlich unterscheidet man (siehe auch Kapitel 1) zwei Arten der Beisetzung:

■ Die Feuerbestattung, bei der ein Verstorbener verbrannt und seine Asche in einer Urne beigesetzt wird. Das Urnenbegräbnis kann unter Umständen zweigeteilt sein: nämlich dann, wenn der Verstorbene an dem Ort, wo er zuletzt gelebt hat, verbrannt wird, die Urne jedoch z. B. in seinem Geburtsort ihre letzte Ruhestätte finden soll. Trauergäste werden in diesem Fall zur Feuerbestattung geladen, nicht zum Urnenbegräbnis.

● In den meisten Fällen sind bei einer Urnenbeisetzung Trauerfeier und das eigentliche Stellen der Urne zwei getrennte Vorgänge.

● Die Trauerfeier findet dabei eher im großen Kreise statt, die Urnenbeisetzung im engsten Familien- und Freundeskreis.

■ Die Beerdigung, bei der Angehörige, Freunde, Bekannte und Kollegen Abschied vom Verstorbenen nehmen. Dieser findet in einem Sarg unter der Erde (das kann auch ein Mausoleum sein) seine letzte Ruhe. Dabei versammeln sich die Trauergäste vor der eigentlichen Beisetzung im Vorraum der Friedhofskapelle oder einer entsprechenden Feierhalle auf der Gräberanlage.

Respektvolles Verhalten bei der Beerdigung

Wurden in der öffentlichen Traueranzeige Ort und Zeit der Beerdigung angegeben, darf jeder zur Beisetzung erscheinen, der dem Verstorbenen, in welcher Form auch immer, nahe stand. Man muss also nicht von der Trauerfamilie noch einmal besonders eingeladen werden. Auf dem Friedhof bzw. bei der Trauerfeier beachten Sie bitte Folgendes:

- Respektieren Sie die Wünsche der Hinterbliebenen! Wenn bei Trauerfeier und Beerdigung ausdrücklich keine Beileidsbezeugungen gewünscht werden, halten Sie sich bitte daran. Wenn Sie das Bedürfnis haben, Ihr Beileid nochmals auszudrücken, schreiben Sie lieber einige Zeit später einen Brief (zusätzlich zum normalen Kondolenzschreiben).

- Pünktlichkeit ist gerade bei einer Trauerfeier und einer Beerdigung unbedingt Pflicht. Das heißt: Die Trauergäste versammeln sich etwa zehn Minuten vor dem angegebenen Zeitpunkt vor der Kirche oder Trauerhalle. Zuspätkommen zeugt nicht gerade von Respekt gegenüber dem Toten und den Hinterbliebenen und stört die anderen in ihrer Andacht, wenn die Feier bereits begonnen hat.

- Ein Handy hat – das sollte eigentlich selbstverständlich sein – bei einer Trauerfeier und bei der Beerdigung absolut nichts zu suchen. Man trägt es selbst abgeschaltet nicht sichtbar herum. Lassen Sie das Mobiltelefon in dieser Zeit im Auto oder zu Hause. Selbst Lautlosstellen oder Vibrationsalarm gehören sich nicht. (Einzige Ausnahme: Sie sind Arzt und haben Notbereitschaft!)

- Wenn die Familie im Namen des Verstorbenen statt Blumen oder Kränzen eine Spende auf das Konto einer wohltätigen Institution wünscht, kommen Sie dem nach. Sie respektieren damit den letzten Willen des Verstorbenen. Sie überweisen dann in etwa die Summe, die dem Betrag entspricht, den Sie auch für ein Blumengesteck oder einen Kranz ausgegeben hätten. Es spielt dabei normalerweise keine Rolle, ob die Institution, um die es sich handelt, auch Ihren Vorstellungen entspricht. Haben Sie jedoch eine starke Abneigung dagegen (etwa, wenn Sie für eine Sache spenden sollen, die Ihnen absolut widerstrebt), dann überweisen Sie eben keine Spende, sondern kümmern sich vielleicht (auch in Absprache mit den Hinterbliebenen) um ein Grabgesteck.

Der Trauerzug

Trauerfeiern werden je nach Region und natürlich je nach Glaubensbekenntnis unterschiedlich gestaltet. Bei den meisten Beerdigungen wird der Sarg heute auf einem Blumenwagen, flankiert von Sargträgern, von der Kirche oder Kapelle zum Grab transportiert. Die Reihenfolge im Trauerzug ist meist gleich:

■ Als Erster folgt dem Sarg der Geistliche,

■ dann kommen die engsten Angehörigen des Verstorbenen,

■ danach schließen sich die weiteren Verwandten und Freunde an.

■ Wenn ein Freund oder Geschäftspartner die Trauerrede hält, geht auch er im Trauerzug zum Grab weiter vorn, also möglicherweise durchaus im Kreis der Verwandten.

■ Am Schluss des Zuges gehen Kollegen, Nachbarn, Vereinsmitglieder und ganz allgemein weniger enge Bekannte.

Am Grab

Nachdem der Trauerzug an der Grabstelle angekommen ist, kann der Geistliche noch eine kurze Ansprache halten, danach schließt sich möglicherweise eine Grabrede an. Sie wird meist von einem nahen Verwandten, einem guten Freund oder aber einer Person gehalten, die den Verstorbenen gut kannte und ihn als Mensch im Privaten oder in einer Funktion, die er innehatte, sehr schätzte. Das könnte zum Beispiel ein Vereinvorsitzender, ein Arbeitgeber oder Arbeitskollege sein.

Nach der Aussegnungsformel wird der Sarg (oder die Urne, dazu unten mehr) abgesenkt. Männer bezeugen jetzt ihre Ehrerbietung vor dem Toten, indem sie ihre Kopfbedeckung abnehmen, wenn der Sarg ins Grab hinuntergelassen wird. Anschließend treten als Erstes die Hinterbliebenen ans Grab, um Abschied zu nehmen. Die Reihenfolge richtet sich hier nach der familieninternen Rangfolge (z. B. der Ehepartner und die Kinder vor den Eltern und Geschwistern) und dem Verwandtschaftsgrad. Die anderen Trauergäste schließen sich so an, wie sie im Trauerzug gegangen sind.

- Ehe- und Lebenspartner treten gemeinsam ans Grab,

- ebenso Geschwister oder Mutter und Tochter, Vater und Sohn;

- Einzelpersonen gehen allein.

Nach christlicher Tradition wirft jeder Trauergast Erde auf den Sarg – als Zeichen irdischer Vergänglichkeit. Dafür steht meist eine kleine Schaufel bereit, und man wirft eine oder drei Schaufeln voll Erde ins Grab. Man muss sich diesem Brauch aber nicht anschließen: Wer nur den Handstrauß werfen will, tut dies. Oder man verharrt lediglich kurz in stillem Gedenken.

Falls in der Traueranzeige nicht ausdrücklich darum gebeten wurde, Beileidsbezeugungen am Grab zu unterlassen, ist direkt nach der Beerdigung der Zeitpunkt gekommen, dass alle Trauergäste den direkten Angehörigen (Witwe/Witwer, Kinder, Eltern) kondolieren – mit einem Händedruck und eventuell ein paar aufrichtigen Worten. Halten Sie Ihre Beileidsbekundung bitte kurz! Vor allem dann, wenn Sie sehen, dass die Angehörigen oder auch Sie selbst emotional sehr berührt sind. Es kann dann sogar besser sein, nach der Aussegnungsformel gar nicht zum Kondolieren ans Grab zu treten.

Andererseits wollen Sie die Hinterbliebenen sicher nicht unnötig brüskieren. Wenn Sie zum Verstorbenen und den Hinterbliebenen ein sehr enges Verhältnis hatten, sollten Sie Ihr Mitgefühl auf jeden Fall persönlich am Grabe ausdrücken. Das kann auch stumm – mit einem Händedruck oder einer Umarmung – geschehen.

Die Urnenbeisetzung

Nach einer Feuerbestattung trifft sich die Trauergemeinde im Normalfall erst zur Urnenbeisetzung. Hier kennt man zwei Varianten:

- Die Trauergemeinde trifft sich vor der Grabkapelle und geht hinter dem Urnenträger zum Grab.

- Die Urne steht bereits in der Gruft, und die Trauergemeinde trifft sich am Grab.

Die dann folgende Zeremonie verläuft wie bei der Sargbeisetzung. Falls die Urne allerdings in eine Urnenwand gesetzt wird, entfällt selbstverständlich das Nachwerfen der Schaufel voll Erdreich. Den Handstrauß legt man in einem solchen Fall in die Urnennische oder vor die Urnen-wand.

Zu einer Urnenbeisetzung geht man nur, wenn man aus-drücklich geladen wird. Wird der Zeitpunkt der Urnen-legung allerdings in der Todesanzeige veröffentlicht, gilt dasselbe wie bei der Erdbestattung: Jeder, der den Ver-storbenen kannte, kann sich auf dem Friedhof einfinden, um dem Toten die letzte Ehre zu erweisen.

Das Kondolenzbuch

Wenn eine Kondolenzliste oder ein Kondolenzbuch aus-liegt, tragen sich die Trauergäste darin ein. Vielen Hinter-bliebenen hilft es über die schwere Zeit hinweg, wenn sie nachlesen können, wer dem Toten auf seinem letzten Gang die Ehre gegeben hat. Gerade wenn Sie statt eines Kranzes auf Wunsch der Angehörigen für eine wohltätige Institution spenden, ist Ihr Eintrag ins Kondolenzbuch wichtig.

Eine Bitte: Selbst wer normalerweise eine schwer lesbare Handschrift hat, sollte sich im Kondolenzbuch um Leser-lichkeit bemühen. Schreiben Sie besser in Druckbuchsta-ben als unentzifferbar.

In einer Kondolenzliste wird man sich wohl meist nur mit seinem Namen und vielleicht einem passenden Zitat ein-tragen. Überlegen Sie sich bereits im Voraus einen pas-senden Spruch. Es ist aber auch durchaus üblich, statt-dessen (oder zusätzlich) ein paar Zeilen zum Verstorbenen und Ihre Erinnerung an ihn niederzuschreiben. Fassen Sie sich kurz – Sie sind ja sicher nicht der Einzige, der sich hier eintragen möchte. Hier einige Anregungen:

Mustertexte fürs Kondolenzbuch

- *In dieser Zeit der Dunkelheit und des Schmerzes tröstet nur die Dankbarkeit, dass wir so viele Jahre mit ihm verbringen durften.*

- *Das Licht der Liebe ist stärker als die Schatten des Todes.*

- *Du bist nicht allein, auch wenn in diesen schweren Stunden unser Trost nur darin besteht, liebevoll zu schweigen und schweigend mitzuleiden.*

- *Das Leben ist vergänglich, doch die Spuren ihres Lebens, ihrer Hände Werk und die Zeit mit ihr wird stets in uns lebendig sein. Viel Kraft für dich.*

- *Uns ist bewusst, dass unsere Worte nur wenig Trost spenden können. Nur die Zeit lehrt uns, mit dem Unbegreiflichen zu leben.*

- *Liebenswürdig war ihr Wesen, wohlbedacht war all ihr Tun. Die geschickten, regen Hände müssen nun für immer ruh'n.*

- *Es ist schwer, die richtigen Worte zu finden, doch möchten wir wissen lassen, dass wir dir in Gedanken nahe sind.*

- *Alles, was uns wichtig erschien, verblasst im Schein des Unfassbaren.*

Weitere Beispiele finden Sie in der Zitatensammlung in Kapitel 8. Oder auch online im Internet, zum Beispiel unter: www.kondolenz24.de.

Blumen und Kränze

Wenn Sie beim Floristen bestellen – und das wird in den meisten Fällen so sein –, haben Sie die Auswahl unter vielen verschiedenen Trauerkarten. Kränze oder Trauergestecke sollte man immer mit einer Trauerkarte versehen. Auf dieser verleihen Sie noch einmal handschriftlich in knapper Form Ihrem Mitgefühl Ausdruck. In der Regel dienen dazu vorgedruckte Karten, die nur noch den Namen des Absenders enthalten. Es bleibt Ihnen aber selbstverständlich unbenommen, eine selbst gestaltete Karte mit eigenem Text an Kranz oder Blumengesteck binden zu lassen.

Das ist allerdings nicht nötig, wenn Ihr Kranz mit einem Schleifenband geschmückt ist, das einen persönlichen Aufdruck trägt. Vielen Menschen fällt es jedoch schwer, ihre Gefühle in knappen Worten zusammenzufassen, wenn sie einen geliebten Menschen verloren haben. Nachstehend deshalb einige Anregungen:

Mustertexte für Kranzschleifen

- *Abschied in Dankbarkeit*

- *Abschied nur für kurze Zeit*

- *Alles hat seine Zeit*

- *Als letzten Gruß*

- *As time goes by*

- *Aus Gottes Hand – In Gottes Hand*

- *Christ soll unser Trost sein*

- *Danke!*
- *Das Alte ist vergangen, Neues ist geworden*
- *Das Ewige ist stille, laut die Vergänglichkeit*
- *Denn wohin gehen wir? Immer nach Hause*
- *Der erste Schritt in die Ewigkeit*
- *Der Tod führt (uns) zum Leben*
- *Der Tod ist das Tor zum Leben*
- *Der Tod trennt – der Tod vereinigt*
- *Des Herren Wort bleibt in Ewigkeit*
- *Die Liebe hört nimmer auf*
- *Die Liebe ist größer als der Tod*
- *Die Liebe währet ewig(lich)*
- *Dona nobis pacem (Gib uns Deinen Frieden)*
- *Durch den Tod zum Leben*
- *Durch Gott empfing ich mein Leben, ihm gebe ich es zurück*
- *Ein erfülltes Leben ist beendet*
- *Ein stiller Gruß*
- *Endlich frei*
- *Es ist Zeit. Unsere Gedanken gehen mit.*
- *Es kam der Abend und ich tauchte in die Sterne*
- *Frieden hinterlasse ich euch, meinen Frieden gebe ich euch*
- *Fürchte dich nicht, denn ich habe dich erlöst*

- *Gott hat's gegeben, Gott hat's genommen*
- *Herr, schenke ewig Frieden*
- *Ich gedenke, einen langen Schlaf zu tun*
- *Ich sterbe nicht, ich trete ins Leben ein*
- *Im Glauben an die Auferstehung*
- *Im Glauben an das ewige Leben*
- *Im Hoffen auf Christus*
- *In Dankbarkeit*
- *In dankbarer Verbundenheit*
- *In Gottes Frieden*
- *In jedem Ende steht ein Anfang*
- *In Liebe*
- *In liebevollem Gedenken*
- *In lieber Erinnerung*
- *In Liebe und Dankbarkeit*
- *In Liebe, Treue und Vertrauen auf Gott*
- *In memoriam*
- *In stillem Gedenken*
- *In stiller Trauer*
- *In tiefer Trauer*
- *Leben und Sterben – alles hat seine Zeit*
- *Leben und Sterben liegen nahe beieinander*
- *Mein Ziel ist hinter aller Zeit*
- *Mors porta vitae (Der Tod ist die Pforte zum Leben)*

- *O, Mensch, bedenk die Ewigkeit*
- *Ruhe sanft*
- *Vater, in Deine Hände befehle ich meinen Geist*
- *Verbunden in Hoffnung*
- *Verbunden über den Tod hinaus*
- *Was man nicht aufgibt, hat man nicht verloren*
- *Wer an Gott glaubt, hat ewiges Leben*
- *Wer die Schönheit gesehen, ist dem Tod schon anheim gegeben*
- *Wir werden dich vermissen*

Bitte achten Sie darauf: Kränze werden niemals an die Adresse des Trauerhauses geschickt – das weiß man allerdings auch in den Gärtnereien. Als Adresse gilt immer die Friedhofskapelle, in der die Trauerfeier stattfindet. Auf dem Kartenumschlag muss stets der Name des Verstorbenen sowie die Uhrzeit seiner Beisetzung angegeben sein. Es ist durchaus üblich, dass auch Blumengebinde und -gestecke direkt von der Gärtnerei in den Friedhof geschickt werden. Der Grund liegt auf der Hand: So können alle Sträuße, Gestecke und Kränze in der Grabkapelle, in der Trauerhalle und später am Grab zusammen arrangiert werden. Falls Sie es aber vorziehen, Ihr Gesteck persönlich abzugeben: Seien Sie dann etwa 20 Minuten vor der Trauerfeier da. So kann Ihr letzter Blumengruß noch entsprechend dazugestellt werden.

Viele Trauergäste geben am Grab noch einen kleinen Handstrauß – es kann auch eine einzelne Blüte sein – auf den Sarg. Diesen kleinen Strauß trägt man in jedem Fall bei sich. Er enthält übrigens traditionsgemäß nicht mehr als fünf Blüten.

Der Leichenschmaus

Ursprünglich galt der Leichenschmaus dem Andenken des Toten. Früher war es in Stadt und Land üblich, alle Trauergäste nach der Beisetzung dazu einzuladen. Der Leichenschmaus fand entweder in einem Gasthaus oder bei den Angehörigen zu Hause statt. Die Hinterbliebenen wollten feiern, dass der Verstorbene die Mühen des Lebens überstanden und nun das Tor zu einer besseren Welt durchschritten hatte. Dabei galt es als Pflicht, das Essen möglichst aufwändig zu gestalten, und die Trauergemeinde musste mit einer genau vorgeschriebenen Speisefolge bewirtet werden. Der Leichenschmaus hatte neben der Feier zum Jenseits hin noch eine weitere Funktion: Er festigte den Zusammenhalt unter den Familienmitgliedern, Nachbarn und Freunden des Toten. Und er war das offizielle Zeichen, dass die Hinterbliebenen das Erbe antreten konnten.

Heute muss ein Leichenschmaus nicht mehr so üppig ausfallen. Ein Imbiss genügt vollkommen, und die geladenen Gäste werden es normalerweise auch mit dem Feiern nicht übertreiben. Die Trauerfamilie lädt direkt ein; nur auf dem Land in kleineren Weilern mag es noch hin und wieder üblich sein, dass sich die gesamte Gemeinde nach der Beerdigung trifft.

Wird die Traueranzeige verschickt, kann durchaus schon die Einladung zum Leichenschmaus beiliegen, der oft lediglich ein Kaffeetrinken ist, aber durchaus auch ein gesetztes Essen sein kann. Sie sollten dieser Einladung Folge leisten: Die Hinterbliebenen wollen damit das Andenken des Toten ehren, und da sollten Sie sich nicht ausschließen. Oft ist es auch der Fall, dass die Familienmitglieder nach der Beerdigung ganz spontan noch zu einem Imbiss laden. Dann ist Ihre Teilnahme zwar kein zwingendes Muss – vielleicht haben Sie aus beruflichen Gründen wenig Zeit. Sie sollten sich jedoch hüten, die Trauernden durch eine Absage vor den Kopf zu stoßen. Oft ist dieser Leichenschmaus der erste Schritt für die Familie des Verstorbenen, wieder ins Leben zurückzukehren und sich in stiller Freude an die schönen Zeiten zu erinnern.

KAPITEL 6

Trauerreden

Es ist besonders wichtig, bei der Rede auf einer Trauerfeier möglichst einfühlsame Worte zu wählen. Feinfühligkeit und Fingerspitzengefühl sind nötig, um den Schmerz nicht noch zu vergrößern, sondern stattdessen Trost zu spenden. Manches Mal kann es für die Hinterbliebenen schon tröstlich sein, wenn die Ansprache bei der Trauerfeier von einem guten Bekannten oder Freund des Toten gehalten wird. Wahrlich keine leichte Aufgabe, vor allem für einen ungeübten Redner! Gerade deshalb muss man eine solche Rede besonders gut vorbereiten.

Die Trauerrede als Würdigung des Verstorbenen

Die Trauerrede gibt noch einmal Gelegenheit, über die Bedeutung eines Menschen nachzudenken, und kann den Angehörigen Trost spenden. Bei jeder Trauerrede muss das Vorgetragene zur verstorbenen Person passen. Völlig unpassend ist es, wenn Sie bei einer vorgefertigten Trauerrede für einen aktuellen Anlass nur den Namen ändern. Und auch Phrasen sind völlig fehl am Platz. Deshalb:

- Sprechen Sie vorher mit den Hinterbliebenen.

- Finden Sie möglichst viel über die Persönlichkeit des oder der Verstorbenen heraus. Es wäre peinlich, wenn Sie mit unzutreffenden Charakterisierungen und falschen Fakten aufwarteten.

- Oberstes Gebot für die Trauerrede ist die Sorgfalt in der Wahl der Worte. Wer sich an seine trauernden Mitmenschen wendet, darf diesen nicht durch leeres Geschwätz zur Last zu fallen.

- Ebenso wie ein Trauerbrief keine vier Seiten lang ist, muss auch eine Rede im Trauerfall das richtige Maß treffen: Zwei bis drei Minuten Redezeit sind angemessen.

- Arbeiten Sie mit Symbolen: Beispielsweise können Sie mit der Lieblingsblume, der Lieblingsmusik, der bevorzugten Lektüre der verstorbenen Person ihr Lebensgefühl besser beschreiben als mit ausschweifenden Erzählungen.

- Denken Sie stets an Ihre »Zielgruppe«: die Trauernden, die in der Kirche und später am Grab versammelt sind.

Der Inhalt einer Trauerrede

Je näher uns der Tote gestanden hat, umso tiefer empfinden wir die Trauer über den Verlust. Je distanzierter das Verhältnis zu einem Menschen war, desto sachlicher kann die Rede ausfallen. Anders ausgedrückt: Je enger die Freundschaft zu einem Menschen war, desto bewegender werden die Worte sein, die man bei seiner Trauerfeier spricht. Und je näher man den Hinterbliebenen steht, umso eindringlicher und gefühlvoller sind die an sie gerichteten Trostworte.

Ganz gleich, in welchem Fall und für wen Sie eine Trauerrede halten müssen: Immer gilt es, die menschliche Seite nicht zu kurz kommen zu lassen, sich nicht ausschließlich auf berufliche oder öffentliche Leistungen des Verstorbenen zu beschränken. Der Redner sollte Raum schaffen für die Art von Besinnlichkeit, die Beerdigung, Trauerfeier und anschließendes gemeinsames Essen erfordern:

- Im Verwandten- und Freundeskreis kann als Angelpunkt der Rede ein Ereignis oder ein Wesenszug dienen, der den Toten besonders gut charakterisiert. Es mag auch ein Ereignis sein, das für den Redner selbst in besonders eindrucksvoller Weise die Beziehung zum Verstorbenen Toten ausdrückt.

- Im Verein steht sicher eher die Leistung eines Toten im Vordergrund, ebenso im Berufs- wie im Geschäftsleben. Aber selbst hier können Beispiele gemeinsamer, auch und vor allem persönlicher Erlebnisse aus vergangenen Jahren jene Anhaltspunkte schaffen, an die jeder Ihrer Zuhörer seine ganz eigenen Erinnerungen an den Verstorbenen knüpfen kann.

Die rechten Worte finden

Manchmal ist Vorsicht geboten, wenn Sie in eine Trauerrede kleine Gedichte oder Zitate einfügen. Bitte beachten Sie: Ein Zitat darf keinesfalls mehrere Deutungen zulassen. Es könnten sonst peinliche Missverständnisse entstehen. Auch bei einem Gedicht müssen Sie sorgfältig abwägen, welches Sie aussuchen, welche Strophe Sie eventuell wählen oder vielleicht besser streichen, um Ihre Rede zu gestalten. Denn leider und allzu oft klingen Gedichte aus früheren Epochen für unsere heute nüchtern eingestellten Ohren pathetisch und damit lächerlich. Dennoch kann ein sorgfältig ausgewähltes Gedicht die gegenwärtige Stimmung und die Beziehung zu einem Verstorbenen manchmal besser beschreiben als eine lange Rede.

Noch kurz etwas zur Wortwahl: So wie wir den Tod und das Sterben zu verdrängen suchen, so scheuen wir uns, das Wort »Tod« und das Wort »sterben« auszusprechen. Es liegt an Ihnen zu entscheiden, ob Sie dieses manchmal unsinnig erscheinende Tabu brechen wollen. Folgende kleine Liste gibt Ihnen ein paar Alternativen – und sicher werden Sie in einem Lexikon für Synonyme noch mehr finden. Ausdrücke für »sterben« sind etwa:

- *ableben*

- *entschlafen*

- *hinüberschlummern*

- *heimgehen*

- *von uns gehen*

- *dahinscheiden*

- *aus dem Leben scheiden*

- *die Augen für immer schließen*

- *sein Dasein vollenden*

- *den Weg allen Fleisches gehen*

- *aus dieser Welt scheiden*

- *abberufen werden*

- *erlöst werden*

- *die letzte Reise antreten*

- *den Weg in die Ewigkeit antreten*

- *abtreten müssen*

- *aus dem Leben gerissen werden*

- *ein frühes Grab finden*

- *einer Krankheit erliegen*

- *tödlich verunglücken*

Ausdrücke für »Tod« sind zum Beispiel:

- *Ableben*

- *Heimgang*

- *Hingang*

- *Lebensende*

- *Hinscheiden*

- *Ende*

- *Abschied*

- *ewige Ruhe*

- *Erlösung*

- *Abberufung*

Hüten Sie sich bitte vor Schwülstigkeit, vor übertrieben bildhafter Sprache und vor allem vor saloppen Ausdrücken: All das kann albern wirken oder, noch schlimmer, zum Lachen reizen. Es wird zwar bestimmt niemand auf die Idee kommen zu sagen: »Er musste ins Gras beißen«, aber schon Umschreibungen wie »das Auge bricht« oder

»zur Grube fahren« oder »sein letztes Stündlein hat geschlagen« sind eher zweifelhafte Formulierungen. Es gibt genügend bessere Umschreibungen für den Tod. Und wenn Sie etwas Mitgefühl besitzen, werden sie Ihnen auch sicher einfallen.

Wichtige Regeln für Trauer- und Grabreden

- Es sterben nie nur öffentliche Figuren, sondern nur ganze Menschen. Behalten Sie das beim Verfassen Ihrer Rede stets im Gedächtnis!

- Gestalten Sie die Trauer- oder Grabrede, die ja praktisch ein Nachruf auf den Verstorbenen ist, so individuell und persönlich wie möglich.

- Beschreiben Sie den Verstorbenen und führen Sie den Zuhörern sein Wesen so noch einmal vor Augen.

- Lassen Sie den Verstorbenen mit einem charakteristischen Zitat selbst noch einmal zu Wort kommen und/ oder jemanden, der etwas Interessantes über ihn gesagt hat. Auch eine Anekdote kann nicht schaden.

- Wenn Sie wirklich Schwachpunkte und Verfehlungen des Verstorbenen erwähnen, gehen Sie darauf immer nur in einem angemessenen Verhältnis zu seinen Verdiensten ein.

- Versuchen Sie nicht, alle Taten, Werke und Auszeichnungen des Verstorbenen in Ihrer Rede unterzubringen.

- Verzichten Sie auf Superlative, wenn Sie diese erst erfinden müssen (»einer der gesuchtesten Handwerksmeister in der Region von Klein-Kleckersdorf in den späten 90er Jahren«).

■ Dringen Sie nicht in die Intimsphäre ein: Sexualleben und körperliche Gebrechen des Verstorbenen gehen niemanden etwas an. Außer er hat sich selbst öffentlich dazu geäußert.

■ Untersagen Sie sich selbst alle Eitelkeiten: Wenn Sie selbst im Nachruf auftauchen, dann nur aus der Beobachterperspektive, nie als (Selbst-) Darsteller.

Wann und wo hält man die Trauerrede?

Wer am Grab spricht, wird dort andere Worte wählen als bei der anschließenden Trauertafel. Und die Worte zu einer Gedenk- oder Totenfeier sind wieder anders zu setzen.

■ Das meiste Fingerspitzengefühl verlangt natürlich die Grabrede. Dort ist man unmittelbar mit dem Tod konfrontiert. Diese Situation erfordert besonders viel Zurückhaltung.

■ Etwas mehr Abstand gewinnen wir an der Trauertafel. Die angespannte Atmosphäre ist schon etwas aufgelockert; die feierliche Handlung des Begräbnisses vorüber, und zudem treffen viele Familienmitglieder, Freunde und Kollegen zusammen. Meist hat man sich eine Menge zu erzählen. Die Möglichkeit zu privaten Gesprächen, die nichts mit dem Todesfall zu tun haben, wird natürlich genutzt. Dadurch ist es auch dem Redner möglich, freier zu sprechen.

■ Noch mehr Sachlichkeit erlaubt die Gedenkrede, die außerhalb des Familienkreises gehalten wird. Der Todesfall liegt dann meist schon einige Zeit zurück, die Trauer ist vielleicht nicht mehr ganz so groß.

Noch ein Hinweis: Beachten Sie die ungewohnte Akustik in Kirchen und größeren Aussegnungsräumen. An solchen Örtlichkeiten hallt es oft, daher müssen Sie sehr sorgfältig artikulieren und mehr bewusste Pausen als gewöhnlich einstreuen.

Wer hält die Trauerrede?

Meist wird jemand im privaten Kreis, aus der Familie oder ein guter Freund des Verstorbenen gebeten, diese Aufgabe zu übernehmen. Und es wäre ein grober Fauxpas, wenn Sie mit fadenscheinigen Ausreden wie »Ich bin kein guter Redner« oder »Ich habe so etwas noch nie gemacht« ablehnen würden. Dieser letzten Pflicht dem Verstorbenen und seinen Hinterbliebenen gegenüber können Sie sich schlichtweg nicht entziehen. Lediglich schwer wiegende Gründe wie ein beruflicher Auslandsaufenthalt oder eigene Krankheit sind eine akzeptable Erklärung für eine Ablehnung. Aber dann werden Sie gar nicht auf der Beerdigung und der Trauerfeier erscheinen. Übrigens: Es wird keiner peinlich berührt sein oder es Ihnen gar übel nehmen, wenn Sie bei einer Trauerrede ins Stocken geraten, wenn Ihnen die Stimme versagt oder Sie zum Taschentuch greifen müssen. Halten Sie Ihre Ansprache in jedem Fall kurz – ein paar Minuten werden Sie in jedem Fall durchstehen. Das sind Sie dem Verstorbenen und seiner Familie einfach schuldig.
Selbstverständlich ergreifen in vielen Fällen auch die Hinterbliebenen selbst das Wort. Und es dürfen durchaus auch Jugendliche sein, wenn sie dies möchten und sich dazu in der Lage fühlen.

Musterreden

Sicherlich können die nachfolgenden Musterreden keine allgemein gültige Vorlage für Ihre ganz persönliche Ansprache sein. Doch die Beispiele sollen Ihnen zeigen, welche Worte man im Trauerfall wählen kann. Sie sind richtungsweisend dafür, in welchem Ton man Trauernden gegenübertritt, und sie bergen außerdem eine Fülle von Möglichkeiten, mit denen man im Einzelfall die besten Worte finden kann. Zurückhaltung – das muss immer wieder betont werden – ist auf jeden Fall richtig. Die Trauer um einen Menschen und auch die Scheu vor dem Tod gebieten uns dies.

Eine Tochter spricht zum Tode der Mutter

Verehrte Trauergemeinde, liebe Geschwister!

Meine Worte sollen uns die Erinnerung an meine Mutter wach halten und die Trauerfeier zu ihrem Abschied begleiten. Wir fühlen alle Trauer in uns, doch gleichermaßen empfinde ich stille Zufriedenheit. Unserer Mutter war es vergönnt, ein langes und erfülltes Leben zu führen. Nicht Leere oder Langeweile bestimmten ihren Lebensweg. Vielmehr können wir die vergangenen 82 Jahre ihres Lebens am besten mit den Worten »Sinn« und »Zielstrebigkeit« beschreiben. Und so betrachtet hat es sich, trotz der Bürde eines manchmal unruhevollen Lebens, für unsere Mutter gelohnt, auf dieser Erde zu leben, von der sie nun geschieden ist.
Sie wurde kurz vor einem schrecklichen Weltkrieg geboren und erlebte die Flucht und Vertreibung aus ihrer Heimat als junges Mädchen. Sie erlebte die kargen Zeiten

nach dem Kriege, den Kampf ums Dasein, um die tägliche Scheibe Brot. In schweren Zeiten lernte sie unseren Vater kennen und lieben und wurde seine treue und treusorgende Frau. Wir alle haben ihr viel zu verdanken. Sie schaffte es, uns Kinder großzuziehen, uns mit dem für das Leben Notwendigen zu versorgen. Vor allem aber umsorgte sie uns mit ihrer Liebe und Herzensgüte.

Ein Souvenir aus jenen schweren Jahren war ihre raue Schale – manchen mochte unsere Mutter schroff erscheinen, manchen abweisend. Doch wer sie näher kannte, so wie wir, ihre Familie, der wusste um ihr gutmütiges Herz, das in letzter Sekunde dann doch immer lieber nachgab. Ich glaube, mit Recht darf ich unsere Mutter als den Dreh- und Angelpunkt einer zufriedenen Familie bezeichnen. Unnötig zu beschreiben, wie weit nun die Lücke in unserem Leben klafft, besonders aber, wie sehr wir alle innerlich betroffen sind. Schmerzlich empfinden wir ihren Heimgang in die Ewigkeit. Jetzt fiele uns allen noch so viel ein, was wir ihr noch sagen wollten, doch nun ist es zu spät. Zum Abschied möchte ich ihr nur noch dies sagen: Liebe Mutter, du hast dir dein eigenes, privates Lebenswerk geschaffen, und darin hast du dein Lebensglück gefunden. Wir werden dich nie vergessen, denn wir sind ein Teil dieses Glücks. Ruhe in Frieden!

Der Witwer spricht bei der Trauerfeier für seine verunglückte Frau

Verehrte Trauergäste, liebe Familie!

Bevor wir meine liebe Frau zum Grab geleiten, möchte ich ein Abschiedswort sprechen. Es liegt in der Tragik des Lebens, dass meine Helene, kaum 40 Jahre alt, durch einen schweren Verkehrsunfall von uns scheiden musste. Unseren beiden Kindern und mir bleibt nur noch die Erinnerung, die sich an ein paar Fotos und an die unzähligen schönen Stunden mit ihr knüpft.

Aber für mich ist es tröstlich, dass sie weiterexistiert, wenn auch nicht durch sich selbst, sondern durch unsere Kinder. In ihnen werde ich meine Frau immer wiedererkennen. Es soll mir eine Lebensaufgabe sein, die Kinder zu Menschen zu erziehen, die das Andenken an ihre Mutter hegen und in Ehren halten, die nicht vergessen, mit welcher Liebe sie uns Tag für Tag beschenkte. Es ist in ihrem Sinne, wenn wir uns nun bemühen, noch enger, noch unumschränkter zusammenzuhalten, damit wir auch weiterhin das sind, was sie sich immer am meisten gewünscht und wofür sie gelebt hat: eine durch gegenseitige Zuneigung geprägte Familie.

Den Segen einer solchen Familie durfte ich schon erfahren. Mein Dank richtet sich an all die verständnisvollen Verwandten, die sich nach dem Heimgang meiner Frau so rührend um uns gekümmert haben. Nicht nur, dass uns viel Arbeit abgenommen wurde, noch wichtiger war der Trost, den uns die Familie gab. Mit diesem Dank möchte ich nun schließen. Liebe Helene, ruhe in Frieden!

Rede eines Freundes an der Trauertafel nach dem Begräbnis eines Kindes

Liebe Trauernde!

Es fällt schwer, jetzt, nach diesem Begräbnis, die richtigen Worte zu finden. Eigentlich sind wir alle noch sprachlos, denn der Tod eines Kindes, das noch nicht einmal ein Dutzend an Lebensjahres erreicht hat, trifft jeden von uns

in tiefster Seele. Die Narben der Trauer, ja, des Entsetzens,
brechen schnell wieder auf.

Aber ein solcher Trauerfall in einer Familie ruft nach ei-
nigen Worten, die vielleicht ein ganz klein wenig den
Schmerz über den Tod des kleinen Florian lindern helfen.
Ich würde das Wort heute nicht ergreifen, wenn die Eltern
anwesend wären. Sie haben unser Verständnis dafür, dass
sie nun nicht mit uns beisammen sitzen. Sie möchten lie-
ber allein sein, nachdem sie ihr Kind auf seinem letzten
Weg in die Ewigkeit begleitet haben. Es bedeutet die end-
gültige Trennung von einem kleinen Wesen, dessen Leben
mit so viel Hoffnungen, Plänen und Erwartungen verbun-
den war, und das nun viel zu früh sterben musste.

Immer dann, wenn ein so junger Mensch aus einem Leben
gerissen wird, das noch gar nicht so richtig beginnen konn-
te, fühlen wir große Trauer. Jeder, der das Kind kannte,
ist bestürzt über die Grausamkeit des Schicksals. Unser
Verstand kann keinen Sinn darin ausmachen. Bei einem
alten Menschen wissen wir, dass irgendwann einmal der
Tag kommen muss, an dem er die Augen schließt. Für
manchen alten Menschen bedeutet der Tod sogar die Erlö-
sung. Doch welcher Sinn ist im Tod eines elfjährigen Kin-
des zu sehen?

Wir können uns jetzt nur damit trösten, dass es viele Din-
ge gibt im Leben, deren Sinn wir nicht begreifen. Unser
Verstand ist zu begrenzt, als dass wir die Geheimnisse des
Daseins damit ergründen könnten. Ich bin erschrocken und
voll Trauer über diese Endgültigkeit. Gleichermaßen habe
ich aber doch den Glauben, dass nichts, was unter der
Sonne geschieht, sinnlos ist. Und ich tröste mich mit dem
Wissen um die Beschränktheit unseres menschlichen Ver-
standes. Vielleicht kann uns diese Auffassung helfen, mit
Gott nicht wegen einer scheinbaren Ungerechtigkeit des

Schicksals zu hadern. Wir können nicht hinter die Dinge sehen, wir können die höhere Ordnung hinter unserem Dasein nicht entschlüsseln. Nehmen wir diesen Trost mit nach Hause und versuchen wir, die Bitterkeit über diesen Schicksalsschlag abzuwehren!

Tafelrede nach dem Begräbnis des Großvaters

Liebe Familie!

Wenn ich die Gesichter in dieser Runde betrachte, so sind viele darunter, die sich auch schon vor gut einem Jahr zusammengefunden hatten. Damals feierten wir fröhlich und ausgelassen den 85. Geburtstag unseres Großvaters. Da dachte noch keiner daran, wie bald er uns doch für immer verlassen würde. Heute sind wir wieder zu einem gemeinsamen Essen beisammen. Aber heute feiern wir keinen Geburtstag, heute trauern wir um einen Toten, der uns allen lieb und teuer war.

Unser Opa war der Älteste in der Familie, der Senior. Aber er war kein Patriarch, keiner, der auf seine Autorität pochte. Unser Großvater zeichnete sich vielmehr dadurch aus, dass er mit Leib und Seele ein Opa war, der in jedes einzelne seiner Enkelkinder geradezu vernarrt war. Sein Verlust trifft uns nun umso schmerzlicher. Es hat ja keiner von uns – trotz des hohen Alters – mit seinem Tod gerechnet. Wer von uns wollte daran schon denken? Aber jeder Mensch muss einmal abtreten, und wir dürfen uns glücklich schätzen, dass unser Opa nicht zu früh abberufen wurde. 86 Jahre sind doch eine stattliche Lebenszeit. Und er hat sie voll ausgeschöpft, er hat Höhen und Tiefen kennen gelernt und so manche Härte im Leben zu spüren bekommen.

Die schlimmste Zeit seines Lebens war wohl der Krieg, den er auch an der Front miterleben musste. In jener Zeit hat er viel Leid erlebt, damals, schon als junger Mann, lernte er den Tod kennen auf den Schlachtfeldern. Ihm war es aber auch vergönnt, bessere Zeiten mitzuerleben – obwohl ihn diese schlimme Zeit wohl am meisten geprägt hat und ihm das Verständnis und die Herzensgüte schenkte, die ihn immer in unserer Erinnerung fortleben lassen werden. Er hat gemerkt, dass es besser ist, mit seinen Mitmenschen in Frieden zu leben, und er sah, wie schön das Leben in einer Familie sein kann.

Familienleben – das stand bei ihm an erster Stelle. Er setzte sich für den harmonischen Zusammenhalt ein und ließ alle an seinem reichen Schatz der Lebenserfahrung teilhaben. Und darum waren wir, seine Enkelkinder, auch so gerne bei ihm. Von ihm war immer Verständnis zu erhoffen. Er ließ uns spüren, wie wichtig wir ihm waren. Und mit »wir« meine ich nicht nur seine Enkel, sondern die ganze Familie.

Für uns war er nicht nur ein Großvater, ein Verwandter, sondern er war besonders auch ein verlässlicher Freund in Stunden der Sorge. So werde ich ihn auch in Erinnerung behalten: Als den alten Mann in der Familie, der sich nie ausruhte, der immer mit irgendetwas beschäftigt war und der dabei doch genug Zeit aufbrachte, sich mit den Menschen um ihn herum zu befassen.

Wir durften mit ihm viele schöne Stunden zubringen.
Er soll in Frieden ruhen!

Trauerrede zum Verkehrstod einer vierköpfigen Familie

Liebe Trauergemeinde!

Eine ganze Familie ist ausgelöscht worden, und wir stehen heute fassungslos hier und können nicht begreifen, wie das geschehen konnte. Unser Entsetzen ist groß, kaum können wir es in Worte fassen. Diese vier Menschen, ein noch junges Ehepaar mit seinen beiden Kindern, gehören zu den vielen, die auf der Straße ihr Leben lassen mussten. Ihnen blieb im letzten Augenblick ihres Erdendaseins keine Zeit mehr zum Nachdenken, blitzartig wurden sie dem Leben entrissen.

Und wir, die Freunde, Bekannten, Verwandten?

Wir stehen im Innersten erschüttert vor diesem entsetzlichen Unglück. So traurig, so unverständlich der Anlass auch ist – eines wurde dieser Familie vergönnt: Sie durften ihren letzten Weg gemeinsam gehen. Sie brauchen nicht zu trauern um den anderen, sie sind nicht allein gewesen in ihrer letzten Stunde. Gemeinsam treten sie vor ihren Schöpfer hin. Dies ist, trotz aller Furchtbarkeit, eine Gnade, die selten jemandem zuteil wird.

Wir als die Hinterbliebenen sollten uns immer wieder klar machen, wie schnell unser Leben doch ausgelöscht werden kann. Der Tod bricht unvermittelt über uns herein, ohne Vorbereitung, ohne Warnung. Lasst uns diese Menschen begleiten mit unseren Gebeten, sodass sie ihren Frieden finden!

Trauerrede auf einen Freund

Verehrte Familie List, liebe Freunde!

Wir sind noch einmal zusammengekommen, um ein letztes Mal gemeinsam eines guten Freundes zu gedenken, der unseren Kreis verlassen musste. Ich möchte seiner Familie gerne sagen, wie sehr uns, seine Freunde, dieser Verlust trifft.

Verehrte Frau List, ebenso schmerzlich wie Sie fühlen wir die Lücke, die Ihr Mann hinterlassen hat. Sein Dahinscheiden hat uns alle tief betroffen. Und wenn ich für mich allein sprechen darf, so denke ich dabei besonders an die Jahre seit der gemeinsamen Schulzeit, an die vielen gemeinsamen Stunden, an die Fröhlichkeit, die Ausgelassenheit, an die Erlebnisse, die uns verbanden.

Nie hatten wir daran gedacht, dass auch einmal der Tag der Trennung kommen könnte. Wir hatten Pläne geschmiedet, dabei aber vergessen, wie schnell uns das Schicksal einen Strich durch die Rechnung machen kann. Er war beliebt bei allen. Die große Zahl seiner Freunde und Bekannten, die heute erschienen sind, um ihm die letzte Ehre zu erweisen, um einen Mann zu Grabe zu tragen, der jedem von ihnen seine Sympathie schenkte, diese große Zahl zeigt, wie sehr Olaf List von allen gemocht wurde. Darum auch, wegen der angenehmen Erinnerungen, wird er so bald nicht in Vergessenheit geraten. Immer, wenn sich einige seiner Freunde zusammenfinden, wird das Andenken an ihn dabei sein.

Trauerrede auf einen verunglückten Freund

Liebe Freunde!

Unser erstes Treffen nach dem tragischen Verkehrsunfall, den Harald König mit dem Leben bezahlen musste, wollen wir nutzen, um uns noch einmal gemeinsam eines Menschen zu erinnern, der jedem von uns auf eine andere Weise lieb und teuer war, und der uns allen nahe stand. Harald war ein Mensch, der mit seinem aufgeschlossenen Wesen die Sympathie seiner Mitmenschen gewann. Wir mochten ihn sehr, waren gerne mit ihm beisammen, und er liebte es, einen arbeitsreichen Tag in der Runde seiner Freunde zu beschließen. Seine Fähigkeit, auch in schwierigen Lebenslagen optimistisch zu bleiben, machte aus ihm einen angenehmen Gesprächspartner. Die Leichtigkeit, mit der er dem Ernst des Lebens begegnete, war bewundernswert.

Auf der anderen Seite aber nahm er Freundschaft sehr ernst. Er scheute sich nicht davor, für andere einzutreten. Leichtigkeit des Lebens, Ernsthaftigkeit der Freundschaft – das sind zwei markante Charakterzüge eines jungen Mannes, der dann eines Tages in seiner Unbekümmertheit Opfer eines Verkehrsunfalls wurde.

Lasst ihn uns so im Gedächtnis behalten, wie er uns am liebsten war: Als einen Freund, der uns mit seiner Gegenwart viele angenehme, heitere, unbeschwerte Stunden schenkte. Möge er in Friede ruhen!

Trauerrede auf einen Freund, der sich das Leben genommen hat

Lieber Trauernde!

Der Anlass heute ist zu schwerwiegend, als dass nicht einer aus dem Kreis der Freunde von Rudolf Meisner das Wort ergreifen müsste und uns so die letzten Tage und Wochen noch einmal ins Gedächtnis ruft. Ich möchte diese traurige Aufgabe übernehmen.

Am Ende der letzten Tage und Wochen steht ein schreckliches Ereignis, das uns alle in tiefster Seele erschüttert hat. Ein Mensch sah für sich keinen anderen Ausweg mehr, als die Last des Lebens, die ihn fast erdrückte, einfach hinzuwerfen und seinem Dasein selbst ein Ende zu setzen. Wir sind es ihm schuldig, uns wenigstens jetzt, da es leider schon zu spät ist, Gedanken um ihn zu machen. Wir sollten nachdenken, was ihn so sehr bedrückte, dass er mit sich selbst nicht mehr ins Reine kommen konnte.

Wenn ich nun von Schuld spreche, so geht uns das alle an. Wir müssen bei uns selbst danach suchen. Wir alle nämlich – da nehme ich keinen, auch mich selbst nicht, aus – waren zu gleichgültig, wir alle haben uns hinreißen lassen von der Krankheit unserer Zeit, einer Zeit, in der viele in die Anonymität fliehen, um dem anderen nur nicht zu nahe zu treten; einer Zeit, in der wir den bequemen Weg wählen und uns nicht um andere kümmern. Obwohl wir doch alle behaupten, Rudolf sei unser Freund gewesen.

Sicher, jeder von uns hat seine eigenen Sorgen und Probleme, mit denen er leben, die er lösen muss. Aber das ist noch lange keine Entschuldigung dafür, die Menschen sich selbst zu überlassen, denen man nahe zu stehen vorgibt. Unsere Freundschaft hat kläglich versagt, versagt in einem Ausmaß, dass es nun nichts mehr zu retten gibt. Die

Katastrophe ist eingetreten. Nun, vielleicht hätte er sich an uns wenden sollen, ein Wort hätte genügt. Aber man ist ja heute so vorsichtig, keiner will dem anderen mit seinen Sorgen auf die Nerven fallen, keiner will den anderen belästigen. Man weiß ja: Jeder ist mit sich selbst beschäftigt.

Aber als Freunde, als wahre Freunde hätten wir nicht auf eine Bitte warten dürfen. Wir hätten es sehen müssen, dass da einer ist, der uns dringender braucht denn je, wir hätten die untrüglichen Zeichen erkennen müssen, die ein Lebensmüder an seine Umwelt weitergibt. Ein lapidares »Das renkt sich schon wieder ein« ist doch keine Hilfe für einen, der am Rande der Verzweiflung steht.

Wir müssen uns schämen, denn in letzter Konsequenz waren wir keine Freunde. Anscheinend hat keiner von uns begriffen, was Freundschaft sein sollte. Wir werden unsere Lehre daraus ziehen, das ist sicher. Aber furchtbar ist, dass erst so etwas passieren musste, bevor wir uns wieder besinnen, bevor wir wachgerüttelt werden aus unserer Lethargie.

So spreche ich nun den Wunsch aus, dass Rudolf in seiner letzten Ruhestätte jenen Frieden finden möge, nach dem er auf dieser Erde vergebens gesucht hat.

Trauerrede auf einen toten Freund

Liebe Herta, liebe Freunde!

Unser Walter wurde vor wenigen Tagen erst aus dem Krankenhaus entlassen. Und er wusste: Ihm blieb nur noch wenig Zeit. Aber diese Zeit hat er bis zur letzten Stunde genutzt. Alles wollte er noch regeln, alles wollte er so hinterlassen, wie er es vor seiner unheilbaren Erkrankung geplant hatte. Um eines hat er vor allem gebeten: Er wollte keine große Trauerfeier, er wollte, dass wir – seine Freunde – und auch seine Verwandten sich von ihm im kleinsten Kreise verabschieden. Keine offiziellen Reden, keine Trauerkleidung, keine Kränze – so war es sein Wunsch. Er hat dabei vor allem an seine Frau gedacht, ihr wollte er das alles ersparen. In aller Stille, aber gerade deshalb umso intensiver sollten wir seiner gedenken. In Würde zu leben ist schwer, in Würde zu sterben beispielhaft – diesen Spruch legte er mir für diese Rede ans Herz. Und damit möchte ich schließen. Möge er seinen Frieden finden!

Nicht nur im privaten, im Verwandtschafts- und Freundeskreis wird man hin und wieder einer Trauerrede halten müssen. Viele sind Mitglied in einem Verein. Hier knüpfen die Vereinskameraden oft freundschaftliche Bande. Stirbt nun ein Vereinsmitglied, das man gut gekannt hat, so ist es eine Ehrenpflicht, bei der Trauerfeier eine Ansprache zu halten. Gerade im Verein finden auch hin und wieder Totenehrungen statt. Auf der Jahresversammlung etwa wird aller Verstorbenen der vergangenen zwölf Monate gedacht. Oder man erinnert sich der Toten bei besonderen Anlässen, etwa bei einer Ehrung. Hier muss der Vorsitzende des Vereins oder einer seiner Stellvertreter die passenden Worte finden. Im Folgenden stelle ich Ihnen Muster für Trauerreden vor, die etwas offizielleren Charakter haben.

Gedenkrede auf einen verstorbenen Vereinsvorsitzenden

Liebe Vereinskameraden!

Auf dieser ersten Versammlung nach dem Begräbnis unseres Vorsitzenden Rainer Kunzmann können wir nicht einfach so zur Tagesordnung übergehen, ohne ein Wort zu verlieren über den Mann, den wir gemeinsam betrauern und den wir auch jetzt noch respektieren und achten. Ich bitte euch also: Erhebt euch von euren Plätzen und legt mit mir eine kurze Gedenkpause ein.

Rainer Kunzmann war ein Mann, der von uns zu Recht zum Vorsitzenden gewählt wurde. Allseits beliebt und von jedem anerkannt, hat er sich ohne Zögern der Verantwortung und der Aufgabe gestellt. Und diese Aufgabe war nicht immer einfach. Die Leitung eines Vereins ist mit viel Mühe und Arbeit verbunden.

Da ich Rainer gut kannte und wir beide schon vor vielen Jahren zu Freunden geworden waren, weiß ich, dass kaum ein Abend verging, an dem er nicht für den Verein arbeitete. Nicht nur das Tagesgeschäft hielt ihn vom echten Feierabend ab; er kümmerte sich auch noch um die Vergrößerung der Mitgliederzahl. Er sprach Leute an, wo sich Gelegenheit dazu bot, um sie für unseren Verein zu gewinnen. Ihm ist es auch zu verdanken, dass wir so tatkräftig von unseren hiesigen Politikern unterstützt werden. Wir sind zwar gemeinnützig, aber dieses Prädikat alleine reicht noch lange nicht aus, um die eine oder andere Genehmigung zu erhalten, um das Wohlwollen der verantwortlichen Stadträte zu gewinnen. Politiker wollen umworben sein. Und gerade für die Imagepflege bei den öffentlichen Stellen sorgte Rainer Kunzmann.

Keine Frage, von uns schied nicht nur ein Vorsitzender, von uns schied auch das wichtigste Vereinsmitglied. Schmerz-

lich aber ist für mich der Verlust eines verständnisvollen Menschen und Freundes. Vorsitzende kann man austauschen, auch den Arbeiter, den Planer, den Organisator kann man ersetzen. Nicht zu ersetzen aber ist der Mensch in seiner Persönlichkeit.

So werden wir noch lange diese Lücke spüren, die Rainer durch seinen Tod bei uns hinterlassen hat. Das gute Andenken an ihn im Verein bleibt erhalten. Unter anderem dafür zu sorgen, habe ich mir als sein Nachfolger, der ich bis zur nächsten Vorstandswahl sein werde, fest vorgenommen. Ich will versuchen, wenigstens annähernd an sein fleißiges Wirken heranzukommen. Ganz werde ich nie an ihn heranreichen können, dafür hatte er zu viel Erfahrung, die mir noch fehlt. Ich bitte euch also, bevor wir fortfahren in den Tagesgeschäften, Rainer Kunzmann in so guter Erinnerung zu behalten, wie es ihm gebührt.

Gedenkrede auf ein verstorbenes Ehrenmitglied

Liebe Freunde!

Wie ihr vielleicht erfahren habt, verstarb vor drei Wochen unser Ehrenmitglied Eberhard Berger. Da das Begräbnis nicht auf einem Friedhof in unserer Nähe stattfand, sondern in München, wo unser Freund Eberhard schon seit einigen Jahren lebte, war es dem Verein nicht möglich, kurzfristig eine Fahrt zu organisieren, um ihm die letzte Ehre zu erweisen.

Die meisten von uns kannten ihn noch recht gut aus früheren Jahren, darum wollen wir uns nun von unseren Plätzen erheben und uns in einer Gedenkminute seiner erinnern. Vor drei Jahren, als Eberhard uns alle zu sich nach München einlud, gaben wir ihm als Gastgeschenk die

Ernennung zum Ehrenmitglied. Diese Ernennung war keine Höflichkeitsfloskel, sondern ein Ereignis für unseren Verein. Denn auch nach seinem Weggang hielt Eberhard diesem Verein die Treue. Er unterstützte uns, wo er konnte. Es war ihm eine Pflicht, denen, die einst die abendlichen Stunden mit ihm geteilt hatten, auch weiterhin seine Zeit und seine Mittel zur Verfügung zu stellen. Die Antwort auf solche Treue kann wohl nur die Ehrenmitgliedschaft sein.

Nun ist er verstorben, und uns bleibt nur die gute Erinnerung an einen Kameraden, der auch in der Ferne die Freunde im Heimatort nicht vergaß. Er trug Sorge dafür, dass der Kontakt nie abriss. Lasst uns die Erinnerung an ihn stets lebendig bewahren!

Rede an der Trauertafel auf den verstorbenen Vorsitzenden

Liebe Freunde und Kameraden, verehrte Hinterbliebene!

Fast fehlen mir die Worte angesichts dieses Trauertages, an dem wir einen geschätzten und geachteten Menschen zur ewigen Ruhe geleitet haben. Doch Ludwig Kaiser war uns allen zu teuer, wurde von uns allen zu sehr respektiert, als dass wir nun schweigend nach Hause gehen könnten. Eine letzte Würdigung durch seine Vereinskameraden steht ihm zu, und diese Erinnerung an ihn ist mir, stellvertretend für alle Vereinsmitglieder, ein Bedürfnis. Seine Verdienste um das Wohl des Vereins waren vielfältig. Nicht umsonst wurde gerade ihm das Amt des ersten Vorsitzenden übertragen. Und all die Jahre hindurch hat keiner seine Position in Zweifel gezogen. Schon allein dies spricht für seine menschlichen Qualitäten ebenso wie für seine Leistungen. Er wusste, wo etwas zu ändern nötig war, wo er eingreifen musste. Doch er kannte sich auch aus mit den Menschen, er kannte ihre Schwächen und Stärken. Durch sein Einfühlungsvermögen schaffte er es, uns zu einem festen Gefüge zu machen, er schaffte es, einen Verein entstehen zu lassen, der etwas darstellt im Leben unserer Stadt.

Nicht umsonst stellte sich der Erfolg ein. Auch Vereinsarbeit kostet viel an Kraft und Zeit. Doch Ludwig machte diese Arbeit Freude, das wussten wir.

Eines Tages aber verlöscht auch das hellste Licht. Auch er musste nun diesen Weg antreten, der uns wieder losreißt von dieser Welt. Ein zwar langes, erfülltes, aber oft genug auch hartes Leben hat nun sein Ende gefunden. Es ist uns tröstlich, dass der Geist weiterlebt. Im Geiste wird Ludwig unter uns sein. Zu sehr prägte sein Einfluss den Verein, als dass er nun schnell vergessen werden könnte.

Vielleicht kann dieses Andenken an ihn auch seine Familie etwas trösten. An dieser Stelle möchte ich Ihnen, verehrte Frau Kaiser, und Ihren Kindern und Enkeln unser herzliches Mitgefühl ausdrücken. Wir wissen, welche schweren Verlust Sie hinnehmen mussten, wir bedauern mit Ihnen und Ihrer Familie den Heimgang Ihres Mannes.

Trauerrede auf mehrere verunglückte Vereinskameraden

Verehrte Trauergemeinde!

Beklemmung und Trauer umfängt uns, ist uns doch wieder einmal bewusst geworden, wie schnell und überraschend das Schicksal seine Opfer fordert. Einer jener tragischen Verkehrsunfälle hat sich ereignet, die der Tribut an unsere mit

Technik ausgestattete Welt sind. Drei Menschen mussten ihr Leben lassen, Menschen, die zwar nicht familiär aneinander gebunden waren, die sich aber privat gut kannten, die befreundet waren und die schließlich auch durch unseren Verein in gewisser Weise zusammengehörten.

Zwei Familien haben den Vater verloren, eine Familie die Mutter. Ich verspüre angesichts dieser schrecklichen Tatsache schweren Druck auf meiner Seele lasten: Diese drei Freunde, die wir betrauern, waren nämlich für unseren Verein unterwegs. Fast möchte ich verbittert sagen: Hätten sie ihre Abende nicht in unserer Gemeinschaft verbracht, so wären sie heute noch am Leben. Aber verhält es sich wirklich so?

Gewiss, wir sind hilflos, wenn ein solcher Unglücksfall unser Leben überschattet. Wenn jedoch die Uhr eines Menschen abgelaufen ist, wenn Gott beschließt, jemanden zu sich zu holen, so gibt es keine Wahl mehr. Wir müssen uns abfinden mit dem unausweichlichen Schicksal. Drei Menschen, junge Menschen, in der Blüte ihrer Jahre, wurden gleichzeitig abberufen. Als sie in den Wagen stiegen, konnte keiner von ihnen ahnen, dass er den nächsten Morgen nicht mehr erleben würde. Tröstlich, dass es ein schneller Tod war. Tröstlich auch, dass der Fahrer selbst keine Schuld an dem Unfall trug. Doch bitter die Erkenntnis, wie machtlos wir alle vor so einem Schicksalsschlag stehen. All unser Können versagt. Wir sind nicht in der Lage, den Sinn zu erkennen. Gerade hier trifft dies wieder einmal in aller Deutlichkeit zu. Doch lassen wir die Grübeleien sein. Das Schicksal, Gott hat entschieden, wir müssen es akzeptieren. So nehme ich nun Abschied von unseren drei Freunden. Mögen sie in Frieden ruhen. Vielleicht gibt es dereinst ein Wiedersehen in einer jenseitigen Welt. Nur darauf können wir jetzt hoffen.

Auch im Berufsleben kann es erforderlich sein, zum Tode eines Kollegen, einer Kollegin eine Trauerrede halten zu müssen. Etwa, wenn man als Einziger der Abteilung den Verstorbenen etwas besser kannte oder weil man als Leiter einer Abteilung sozusagen die Firma bei einer Trauerfeier repräsentiert. Auch ein Mitglied des Betriebsrats wird im Trauerfall manchmal gebeten, beim Begräbnis eines verstorbenen Arbeitsnehmers eine Ansprache zu halten. Es folgen einige Musterreden, die für Trauerfälle im Beruf und im Geschäftsleben gedacht sind.

Trauerrede für eine Kollegin

Verehrte Trauergäste, liebe Kolleginnen und Kollegen!

Einem in langen Jahren beruflicher Zusammenarbeit lieb gewonnenen Menschen müssen wir heute die letzte Ehre erweisen. Wir wollen unserer Betroffenheit über das Ableben von Elvira Tausch Ausdruck verleihen. Viel zu früh wurde sie vor ihren Schöpfer gerufen. Wir sind erschüttert über diesen Tod, mit dem keiner gerechnet hat.
Elvira Tausch zeichnete sich über all die Jahre hinweg durch eine Vitalität aus, über die man oft nur staunen konnte. Erst in den letzten Monaten vor ihrem Tode, als sich die Krankmeldungen häuften und wir begannen, uns um sie zu sorgen und uns Fragen zu stellen, war ihr oft die Schwäche anzusehen, die ihre Krankheit verursachte. Aber wer hätte denken können, dass sie so schnell, noch in diesem Jahr, unsere Firma, ihre Familie und dieses Erdendasein würde verlassen müssen? Es gelang ihr nicht mehr, sich gegen die Krankheit aufzulehnen. So musste in jungen Jahren eine Kollegin von uns scheiden, die gerne noch länger unter uns gelebt hätte und die wir gerne noch

länger um uns gehabt hätten. Wie gern wir sie hatten, kön-
nen wir an den vielen Kollegen, Freunden, Bekannten und
Verwandten sehen, die heute zu ihrer Trauerfeier gekom-
men sind, um von ihr Abschied zu nehmen. Wir alle wol-
len damit zeigen, wie sehr wir sie mochten und wie schwer
uns ihr Verlust trifft. Möge sie nun im Tod ihren Frieden
ohne die Last körperlicher Leiden finden!

Trauerrede auf einen Kollegen

Liebe Kolleginnen und Kollegen, verehrte Trauergäste!

Lassen Sie mich ein paar Worte sagen, denn wir wollen
nach diesem Begräbnis nicht schweigend auseinanderge-
hen, ohne unseren Kollegen noch einmal gewürdigt zu
haben, ohne noch ein letztes Mal gemeinsam seiner zu
gedenken.
Norbert Engholm war einer von denen, die sich nie ge-
scheut haben, beherzt für die Angestellten unseres Hau-
ses einzutreten. Darum war er auch der Richtige für un-
seren Betriebsrat. So möchte ich ihm jetzt, da er diese Welt
verlassen hat, noch ein letztes Mal für seinen Einsatz
danken. Er kämpfte um bessere Arbeitsbedingungen, er
schlichtete Zwistigkeiten zwischen den Angestellten und
der Leitung unseres Hauses, und es machte ihm nichts aus,
wenn er hin und wieder für die Belange der anderen sei-
nen Kopf hinhalten musste.
Viel zu selten haben wir ihm den Dank bezeugt, der ihm
doch wahrhaft zugestanden hätte. Viel zu selten zeigten
wir ihm unsere Anerkennung für seine Arbeit im Betriebs-
rat. So wollen wir ihm wenigstens jetzt, nachdem wir ihn
zu Grabe tragen mussten, ein Wort des Dankes nachsen-
den. Wer weiß, vielleicht kommen unsere Gedanken bei

ihm an. Er jedenfalls glaubte an ein Weiterleben nach dem Tode. Darum war es ihm auch möglich, diese Welt so friedlich zu verlassen. Sein Platz wird nur schwer auszufüllen sein. Zwar lässt sich eine Arbeitskraft schnell ersetzen, doch Persönlichkeit und Charakter eines Menschen sind immer einmalig.

Unsere Aufgabe ist es nun, sein Andenken zu bewahren und ihn in guter Erinnerung zu behalten.

Rede an der Trauertafel zum Tod eines Kollegen

Verehrte Trauergemeinde!

> *»Der Tod ist kein Abschnitt des Daseins,*
> *sondern nur ein Zwischenereignis,*
> *ein Übergang aus einer Form des endlichen Wesens*
> *in eine andere.«*

Lassen Sie mich diese Worte des großen deutschen Denkers Wilhelm von Humboldt an den Anfang einer Rede stellen, die mir gewiss nicht leicht fällt. Die Abschiedsworte zu finden für einen vertrauten Kollegen, mit dem man seit Jahren zusammenarbeitete, diese Pflicht gehört zu den eher bedrückenden Aufgaben, die das Leben stellt, die man aber manchmal übernehmen muss. Noch viel schwerer aber würde es mir fallen, müsste ich von diesem Kollegen ohne ein Wort, ohne einen Satz der Würdigung Abschied nehmen.

Ich möchte nun aber nicht mit einem Schwall edler Eigenschaften beginnen, die ich unserem verstorbenen Kollegen zuschreibe, ich möchte nicht in den höchsten Tönen eine Lobeshymne anstimmen und sein Andenken auf diese Weise verklären. Das wäre nicht ehrlich und würde ihm sicher auch nicht gefallen. Jeder seiner Kollegen und Mit-

arbeiter wusste um seine Stärken und Schwächen. Auch seine Familie kannte ihn gut genug, sodass ich nicht auch noch besonders Lobenswertes von ihm zu berichten brauche. Ein jeder soll sich doch sein eigenes Andenken an ihn schaffen.

Gerade wenn man einen Menschen gut kennt, um seine Stärken, aber gleichermaßen auch seine Schwächen weiß, gerade dann wird dieser Mensch so vertraut, dass man seine Anwesenheit schmerzlich vermisst, dass man seine Abwesenheit schmerzlich empfindet.

Ich will gar nicht davon sprechen, wie sehr er uns als Berufskollege fehlt. Sein Platz wird so schnell nicht auszufüllen sein. Sein fachliches Wissen, seine Kenntnisse in den verschiedenen Bereichen, sein Fleiß und seine Bereitschaft, sich für den Betrieb einzusetzen – das alles werden wir vermissen.

Wie groß muss die Trauer erst in der Familie sein. Auch im Namen der Kolleginnen und Kollegen möchte ich Ihnen, liebe Frau Reinhardt, und Ihrer Familie sagen, wie sehr wir den Tod Ihres Mannes bedauern und wie gut wir Ihre Trauer und Ihren Schmerz nachempfinden können. Doch zum Trost für Sie wie auch für uns sei hier an die Worte vom Anfang meiner Rede erinnert, an die Worte Wilhelm von Humboldts.

Trösten wir uns mit dem Gedanken, dass der Tod nur einen kleinen Einschnitt in unserem Gesamtdasein bedeutet, dass auf uns ein wohl ewig dauerndes, jenseitiges Leben wartet. Diese Idee, dieser Leitgedanke des Lebens, kann uns davor bewahren, angesichts des Todes eines nahe stehenden Menschen in Trübsinn zu verfallen. Freilich, wir trauern zwar, und dies zu Recht, doch unser Leben mit seinen Härten und Prüfungen geht weiter. Wir müssen auch in Zukunft mit den Sorgen des Alltags fertig werden. Er dage-

gen, unser lieber Kollege Hartmut Reinhardt, hat diesen Teil seines Seins schon überwunden. Möge er nun, vielleicht in einer besseren Welt, seine Ruhe und seinen Frieden finden!

Traueransprache nach einem tödlichen Betriebsunfall

Verehrte Trauergemeinde, liebe Mitarbeiterinnen und Mitarbeiter!

Zu Beginn dieser Ansprache möchte ich vor allem Ihnen, verehrte Frau Noheimer, im Namen der Belegschaft das tiefste Bedauern zu dem tragischen Unfall aussprechen. Es hat Ihren Mann getroffen, und es hat damit einen unserer Besten getroffen. Das fast unmöglich Geglaubte wurde zu einer erschreckenden Tatsache. Dieser Unfall, mit dem keiner gerechnet hat, an dem auch keinem die Schuld angelastet werden kann, forderte Ihren Mann zum Opfer. Wir alle, ob seine Kollegen oder seine Vorgesetzten, sind tief betroffen.

Darüber hinaus möchte ich Ihnen aber auch persönlich mein Beileid ausdrücken. Ich kannte Ihren Mann seit mehr als 20 Jahren. In dieser Zeit lernte ich ihn gut kennen und schätzen als einen Mitarbeiter und Kollegen, auf den Verlass war, als einen, den man mit Recht als Stütze der Firma bezeichnen durfte.

Ihr Mann, verehrte Frau Noheimer, zeichnete sich durch seine Treue zum Betrieb aus. Er war immer gewissenhaft in seiner Arbeit und stets bereit, Verantwortung zu übernehmen. Solche Leute werden immer geschätzt, aber nicht nur wegen ihrer Arbeit, die sie in vorbildlicher Weise abliefern. Ich lernte Ihren Mann vor allem wegen seines in-

tegren Charakters schätzen. Und dies ist viel mehr wert als bloße Pflichterfüllung.

So empfinde ich es nun als besondere Tragik, dass unser Kollege, Freund und Mitarbeiter Karl-Heinz Noheimer ausgerechnet an seinem Arbeitsplatz das Schicksal ereilen musste. Ausgerechnet dort, wo er gerne war, wo er sich einen Stammplatz und die Achtung der Kollegen erworben hatte, ausgerechnet da musste er sein Leben lassen. Noch heute ist uns allen unbegreiflich, wie es dazu kommen konnte, noch jetzt ist uns unfassbar, dass dieser Unfall passierte.

Die Ursachen des Unfalls sind eingehend überprüft worden. Erleichtert konnten wir – trotz aller Tragik feststellen – dass weder ein Kollege noch Ihr Mann selbst die Schuld daran tragen. Die Unfallursache war keine menschliche Fehlleistung, die Ursache war wohl eher ein unglücklicher Zufall. Fast möchte ich sagen: Es war höhere Gewalt. Und dagegen helfen auch die besten Sicherheitsvorkehrungen nicht.

Karl-Heinz Noheimer wurde aus seinem irdischen Dasein abberufen. Es ist traurig für uns, doch wir müssen uns in die Unabänderlichkeiten des Schicksals fügen. Alle Kollegen, die Firmenleitung und ich selbst werden noch einige Zeit brauchen, um diesen schweren Schock zu überwinden. Ein untadeliger Mitarbeiter, ein guter Kollege und ein wertvoller Mensch ging uns verloren. Ehren wir ihn, indem wir sein Andenken in unseren Herzen bewahren.

Rede des Firmeninhabers zur Beerdigung des Firmengründers

Liebe Dietlinde, liebe Susanne, lieber Fabian,
liebe Kolleginnen und Kollegen, liebe Trauergäste!

Sterben ist bekanntlich ein Teil des menschlichen Lebens und angeblich keine Tragödie. Und dennoch fühle ich mich heute unsagbar traurig und kann gar nichts dagegen tun. Wilhelm Berghammer ist vor einer Woche gestorben. Aus meiner ganz persönlichen Sicht habe ich damit nicht nur einen großartigen Kollegen verloren, ein Vorbild in beruflicher Hinsicht, sondern auch und vor allem meinen väterlichen Freund und Ratgeber. Aber wie viel schwerer wiegt dieser Verlust für dich, Dietlinde, die heute ihren lieben Mann zu Grabe tragen muss, und für euch, Susanne und Fabian, die ihr einen liebevollen und fürsorglichen Vater verliert. Es ist keine Floskel, wenn ich an dieser Stelle sage, dass ich mit euch fühle – es ist keine Worthülse, wenn ich sage, dass dieser Mann einer der großartigsten Menschen war, denen ich je begegnen durfte.
Wilhelm Berghammer hat mich vor vielen, vielen Jahren unter seine Fittiche genommen. Er hat mir mehr gezeigt und mich mehr gelehrt, als alle Schulen und Universitäten es je vermocht hätten – er war für mich die Verkörperung der Tüchtigkeit, des Willens und des Anstands. Seine Erfolge als Unternehmer sollen heute nicht das Thema sein, sondern vielmehr seine Menschlichkeit und seine Wärme. Lange bevor es das Schlagwort vom »sozial orientierten Unternehmer« gab, hat Wilhelm es bereits vorgelebt. Generationen von Angestellten profitierten von seiner Fairness und seiner Güte. In seinem Betrieb war jeder wichtig, und jeder konnte bei ihm Gehör finden. Keine Angelegenheit war ihm zu klein, keine Unzufriedenheit blieb

ihm verborgen, und keinen Kummer schätzte er zu ge-
ring. Er hat gelobt und getröstet, er hat getadelt und er-
mahnt – aber niemals hat er wissentlich gekränkt oder
jemandem wehgetan. Er war kein Heiliger, und ich wer-
de mich stets gerne an gemeinsame Abende erinnern, in
denen das Feiern vor der Arbeit rangierte. Er war einfach
nur ein wirklich guter Mensch, den ich schrecklich ver-
missen werde.

Liebe Dietlinde, liebe Susanne, lieber Fabian, die ihr heu-
te keine Kinder mehr seid. Ich hab nur Worte, um euch zu
sagen, dass dein Mann, euer Vater ein großartiges Leben
geführt hat. Er war – wie ich aus vielen, vielen Gesprä-
chen ganz genau weiß – unglaublich stolz auf seine Fami-
lie. Er hat mehr Liebe in sich gehabt als die meisten Men-
schen, die ich kenne, und ich bin sicher, ihr habt diese
Liebe gespürt. Ich trauere mit euch und fühle den Verlust.
Und weiß, dass ihr ihm – genau wie ich und genau wie alle
hier Versammelten – einen Platz in eurem Herzen bewah-
ren werdet. Denn dann ist Wilhelm Berghammer nicht
wirklich fort – dann hat er sich nur an einen anderen Ort
zurückgezogen und guckt uns allen zu, wie wir in seinem
Sinne das Leben meistern.

KAPITEL 7

Danksagung

Wer einen Toten zu beklagen hat, dem wird Mitgefühl entgegengebracht – in unserer oft kalten und hektischen Zeit ein besonderes Zeichen von besinnlichem Innehalten und mitmenschlicher Aufmerksamkeit. Dafür sollte man sich bedanken. Ob mündlich oder schriftlich: Man sollte diesen Dank keinesfalls vergessen. Nach dem Verstreichen einer jeweils individuellen Trauerzeit ist dies einfach eine Höflichkeitspflicht, der man nachkommen sollte. Es bleibt dabei natürlich jedem selbst überlassen, ob er

- einen solchen Dank persönlich ausspricht,

- gedruckte Dankeskarten

oder

- persönlich verfasste Dankschreiben verschickt,

oder aber

- eine allgemeine Danksagungsanzeige in der Zeitung schaltet.

Die mündliche Danksagung

Viele Angehörige bedanken sich bereits bei der Trauerfeier oder Bestattung für das entgegengebrachte Mitgefühl. Dies geschieht entweder direkt, wenn ihnen kondoliert wird, oder auch in Form einer Dankesrede bei der Trauer- oder Gedenkfeier bzw. beim so genannten Leichenschmaus. Diesen mündlichen Dank muss nicht unbedingt ein direkt betroffener Hinterbliebener wie die Witwe oder der Witwer aussprechen. Eine kurze Ansprache zum Dank an alle, die ihre Trauer durch ihre Anwesenheit bei der Feier bezeugen, kann beispielsweise auch eines der erwachsenen Kinder halten, ein anderes Familienmitglied (natürlich in Absprache mit den Hauptleidtragenden) oder sogar ein guter Freund – vielleicht derjenige, der auch die Bestattungsfeier organisiert hat.

Seien Sie als Trauergast bitte nicht peinlich berührt, wenn Sie bei der Beerdigung und der Bestattungsfeier nicht gleich mit Dankesbezeugungen bedacht werden. Wie schon an anderer Stelle erwähnt, sind trauernde Hinterbliebene emotional in einer absoluten Ausnahmesituation. In der sollten Sie nicht auf Etikette und gutem Benehmen beharren.

Als Hinterbliebener sollten Sie wissen: Der mündliche Dank reicht nicht aus. In jedem Fall sollten Sie sich bei allen, die Ihnen kondoliert haben, die an der Trauerfeier und Bestattung teilgenommen oder sich ins Kondolenzbuch eingetragen haben, außerdem schriftlich bedanken.

Die schriftliche Danksagung

Für die schriftliche Danksagung gibt es die folgenden Möglichkeiten:

- Danksagung in den Tageszeitungen: für all jene, die nicht direkt zum Familien- und Freundeskreis gehören und die ihr Mitgefühl nicht in einem ausführlichen Kondolenzschreiben ausgedrückt haben. Sie haben aber vielleicht an der Trauerfeier oder Beerdigung teilgenommen.

  - Es hat sich weitgehend durchgesetzt, dass Zeitungsanzeigen in Auftrag gegeben werden, wenn die nächsten Angehörigen den Bekanntenkreis des Verstorbenen nicht kennen und die Adressen nicht recherchieren können.

- Gedruckte Karten oder Briefe (wie Trauerbriefe) werden an alle Personen verschickt, die ihr Mitgefühl mit einem Beileidsschreiben ausgedrückt haben oder sich ins Kondolenzbuch eingetragen haben.

- Das persönliche Dankschreiben sollte Ihnen als Hinterbliebenen ein Anliegen für jene Freunde und Familienmitglieder sein, die Ihnen ihre Trauer in einem persönlichen Kondolenzbrief mitgeteilt haben oder die Ihnen in der schweren Zeit mit Trost, Rat oder Tat zur Seite standen.

Niemand sollte sich jedoch herabgesetzt fühlen, wenn er eben kein persönlich verfasstes Schreiben erhält, sondern die Trauernden den Dank für entgegengebrachtes Mitgefühl mit gedruckten Karten oder lediglich einer allgemeinen Anzeige in der örtlichen Tagespresse bezeugen.

Hinterbliebene haben vieles zu regeln und finden deshalb oft kaum Zeit, einzelne Briefe zu beantworten. Vielleicht fehlt ihnen auch in den ersten Wochen, ja sogar Monaten die seelische Kraft und Energie dazu, mit einem ausführlichen Schreiben auf die mitfühlenden Worte zu reagieren.

Wann wird die Danksagung verschickt?

Eine Danksagung muss nicht unmittelbar nach der Trauerfreier verschickt werden. Allzu viel Zeit sollte man jedoch nicht verstreichen lassen, wenn man sich persönlich in einem Schreiben für die Anteilnahme bedanken möchte, und vergessen sollte man es keinesfalls.

Eine Geste der Höflichkeit ist es, besonders persönliche und herzliche Beileidsbriefe auch selbst handschriftlich zu beantworten.

Spätestens etwa drei bis vier Wochen nach dem Todesfall sollten sich die Hinterbliebenen für die Beileidsbezeigungen bedanken. Bei einer großen Zahl von Beileidsbezeigungen wird es kaum möglich sein, jedem Einzelnen einen persönlichen, handgeschriebenen Brief zu schreiben. Gedruckte Danksagungen für Beileidsbekundungen sollten daher etwas schneller verschickt werden. In den meisten Fällen wird das vom Bestattungsinstitut geregelt.

Der Versand handschriftlicher Danksagungen ist allerdings höflicher und persönlicher, zumal wenn die Empfänger der Danksagungen persönlich kondoliert haben. Auch beim Aufsetzen der Danksagung ist das Bestattungsunternehmen auf Wunsch den Angehörigen behilflich. Hier liegen normalerweise Textvorschläge und verschiedene Muster für Danksagungen aus. Aber selbstverständlich bleibt es Ihnen unbenommen, eigene Textvorschläge einzubringen und drucken sowie versenden zu lassen. Beispiele für passende Danksprüche finden Sie weiter unten. Die Angehörigen bedanken sich beispielsweise für

- *»die Blumen- oder Kranzspenden«*
- *»die Anteil nehmenden Zeilen«*
- *»die herzliche Anteilnahme«.*

Den Bekannten, die bei der Trauerfeier anwesend waren, dankt man, dass sie *»dem Entschlafenen das letzte Geleit gaben«.*

Der Text aller Danksagungen, ob bei Zeitungsanzeige, Karte oder Brief (wie Trauerbrief) sollte möglichst auf den Verstorbenen und seinen Charakter abgestimmt sein. Besonders persönlich ist es, wenn die Hauptleidtragenden die gedruckten Danksagungen selbst handschriftlich unterzeichnen oder wenn die persönliche Unterschrift als Faksimile gedruckt wird.

Mustertexte für den Einstieg

- *Allen, die sich in stiller Trauer mit uns verbunden fühlen und ihre liebevolle Anteilnahme auf so vielfältige Art zum Ausdruck brachten, danken wir von Herzen.*

- *Allen, die beim Heimgang unserer lieben Verstorbenen ihre Anteilnahme und Verbundenheit auf vielfältige Art bekundeten, spreche ich meinen herzlichen Dank aus.*

- *Es ist so schwer, einen lieben Menschen zu verlieren; es ist wohltuend, so viel Anteilnahme zu empfangen. Dafür danken wir von Herzen.*

- *Danke für das tröstende Wort, gesprochen oder geschrieben; für einen Händedruck, wenn Worte fehlten; für alle Zeichen der Liebe und Freundschaft; für ein stilles Gebet. Die vielen Beweise der Anteilnahme waren uns ein Trost in den schweren Stunden.*

- *Für die mitfühlende Anteilnahme, die uns beim Heimgang unserer lieben Verstorbenen durch Wort, Schrift, Kranz- und Blumenspenden zuteil wurde, sowie allen, die ihr das letzte Geleit gaben, sagen wir unseren herzlichen Dank.*

- *Herzlichen Dank allen, die meinen lieben Mann auf seinem letzten Weg begleiteten, ihn durch Blumen, Kränze und Geldspenden ehrten und mir durch Wort und Schrift ihre Anteilnahme bekundeten. Die damit zum Ausdruck gebrachte Verbundenheit hat mich tief bewegt.*

- *Die vielen Beileidsbriefe, die zahlreichen Blumen- und Geldspenden, die trostreichen Worte, der stille Händedruck zum Tode meines Mannes und unseres Vaters Heinz Mannert haben uns gezeigt, wie sehr der Verstorbene über den Kreis seiner Tätigkeit hinaus Freunde gewonnen hatte. Wir danken allen für die aufrichtige Anteilnahme in ihrem stillen Gebet.*

- *Es ist schwer, einen geliebten Menschen zu verlieren, aber es ist tröstend zu erfahren, wie viel Liebe, Freundschaft und Achtung ihm entgegengebracht wurde. Danke allen, die sich mit uns verbunden fühlten und ihre Anteilnahme in so vielfältiger Weise zum Ausdruck brachten, sowie allen, die ihn auf seinem letzten Weg begleiteten.*

- *Für die herzliche Anteilnahme, die uns beim Heimgang unserer lieben Verstorbenen Erna Weinhold durch Wort,*

Schrift, Kranz-, Blumen- und Geldspenden entgegenge-
bracht wurde und allen, die ihr das ehrende Geleit zur
letzten Ruhestätte gaben, sagen wir unseren aufrichti-
gen Dank.

■ *Für die liebevollen Beweise der Anteilnahme in Wort*
und Schrift, Kranz-, Blumen- und Geldspenden sowie
das ehrende Geleit zur letzten Ruhestätte beim Heim-
gang meiner lieben Frau, unserer Mutter Ricarda Bach
sagen wir hierdurch unseren herzlichen Dank

■ *Es war uns ein großer Trost zu wissen, wie geachtet und*
beliebt sie war. Wir sind alle sehr stolz und dankbar für
die vielen wunderschönen Jahre voller Liebe, Zuneigung
und Harmonie, die wir alle mit ihr verbringen durften.
Wir hatten das Glück, von ihr zu lernen und von ihrem
Wesen zu gewinnen. Sie bleibt für immer der stumme
Mittelpunkt in unserer Familie, an dem wir uns auf-
richten werden.

■ *Für die zahlreiche Anteilnahme beim Heimgang unse-*
rer lieben Verstorbenen Mechthild Kröger möchten wir
uns bei allen recht herzlich bedanken.

■ *Herzlichen Dank allen, die sich in stiller Trauer mit uns*
verbunden fühlten und ihre Anteilnahme auf so viel-
fältige und liebevolle Weise zum Ausdruck brachten.

■ *Herzlichen Dank für alle Zeichen der Liebe, Freund-*
schaft und Anteilnahme, für die vielen Spenden, für alle
Hilfe, die uns in diesen schweren Tagen zuteil wurde,
sowie allen, die mit uns von ihr Abschied nahmen.

■ *Herzlichen Dank sagen wir allen, die mit uns fühlten,*
uns Trost in Wort und Tat spendeten und mit uns von
ihr Abschied nahmen.

- *In den schweren Stunden des Abschieds von unserer lieben Verstorbenen Gabriele Krohn haben wir viel Zuneigung und Anteilnahme erfahren. Wir danken von Herzen allen, die sich mit uns verbunden fühlten und ihre Anteilnahme in so vielfältiger Weise zum Ausdruck brachten, sowie allen, die sie auf ihrem letzten Weg begleiteten. Unser besonderer Dank gilt Pfarrer Schiller für die tröstenden Worte sowie dem Kirchenchor.*

- *Es ist ein Trost zu wissen, dass wir in unserer Trauer nicht alleine sind. Während der langen Krankheit und in der Stunde des Abschieds haben wir erfahren, wie viel Zuneigung unserer lieben Verstorbenen entgegengebracht wurde. Wir danken allen für die vielfältigen Zeichen der Anteilnahme. Besonderen Dank sagen wir Herrn Pater Schmidt für die Gestaltung der Hl. Messe.*

Welche formalen Punkte muss man beachten?

- Der Name des oder der Verstorbenen kann in der Danksagung

  - im Text erscheinen

  - separat gedruckt werden oder

  - ganz fehlen.

- Ebenso kann das Todesdatum noch einmal erwähnt oder weggelassen werden.

- Als Datum des Dankes wird üblicherweise kein Tagesdatum, sondern beispielsweise »im Januar 2005« eingesetzt.

- Wenn bei der Todesanzeige der Nachruf und die Familienanzeige gemeinsam gestaltet wurden, ist es möglich, auch die Danksagung in dieser Form zu drucken.

- Danksagungen können auch mit einem christlichen Symbol versehen werden.

Musteranzeigen

Danksagung
Für die herzliche Anteilnahme, die uns beim
Heimgang unserer lieben Verstorbenen

Maria Hüter
geb. Niedermayer
* 31.12.1906 †12.09.2004
durch Wort, Schrift, Kranz-, Blumen-
und Geldspenden entgegengebracht wurde,
und allen, die ihr das ehrende Geleit
zur letzten Ruhestätte gaben,
sagen wir unseren aufrichtigen Dank.
Rüdiger Hüter im Namen aller Angehörigen

**Richard Altmann
und Angehörige**   Heilbronn, im Oktober 2004

All den vielen Menschen, die meiner lieben Frau
Gerda
in den Stunden des Abschieds
so liebevoll gedachten und mir
in Wort und Tat Trost spendeten,
sage ich hiermit meinen herzlichen Dank.

D für alle Zeichen der Freundschaft, die uns die Verbundenheit mit ihr bewusst machten

A für alle persönlichen Worte und Briefe

N für Blumen, Kränze und Spenden, für die Teilnahme an der Hl. Messe

K für die Begleitung auf ihrem letzten Weg

E für ein stilles Gebet

Im Namen aller Angehörigen
Sabine Metzler

Spruchsammlung für Danksagungen

Und immer sind da die Spuren deines Lebens,
Gedanken und Augenblicke.
Sie werden uns immer an dich erinnern
und uns glücklich und traurig machen
und dich nie vergessen lassen.

Wir nehmen Abschied in Liebe und
dankbarer Erinnerung an die schöne Zeit,
die er uns geschenkt hat.

Was man tief in seinem Herzen besitzt,
kann man durch den Tod nicht verlieren!

Wenn ich einmal von dir gehen sollte,
geh zurück ins Leben
und lach für mich weiter.

Stirbt ein Elternteil, so stirbt die Vergangenheit,
stirbt der Partner, so stirbt die Gegenwart,
stirbt ein Kind, so stirbt die Zukunft

Wir wollen nicht trostlos sein,
dass wir dich verloren haben,
sondern dankbar dafür sein,
dass wir dich gehabt haben.

Der Tod ist nicht das Ende
Der Tod ist nur die Wende
Beginn der Ewigkeit

Ich gehe weiter, nur ein wenig weiter.
Geh in Gottes Freude, geh in Gottes Licht hinein.
Ich war viele Jahre eure Begleiterin.
Doch nun geh ich weiter,
um bei meinem Herrn zu sein.

Der Verlust eines Menschen,
der plötzlich aus dem Leben gerissen wird,
bereitet unerträglichen Schmerz,
und Worte des Trostes sind oft schwer zu finden.

Unsere Herzen werden dich niemals
auch nur eine Sekunde verlassen,
und wir sind und wir werden bis in die andere Welt hinein
diejenigen sein, die dich ohne Grenzen lieben.

Dein gutes Herz hat aufgehört zu schlagen
und wollte doch so gern noch bei uns sein.
Gott, hilf uns diesen Schmerz zu tragen,
denn ohne dich wird alles anders sein.

Musterbriefe für persönliche Dankschreiben

Diese Muster sind wie stets lediglich als Anregung zu verstehen und können sicher nicht Wort für Wort übernommen werden. Wer möchte, kann auch ein Dankschreiben für die erwiesene Beileidsbezeugung mit einem Spruch oder Zitat einleiten. Neben den oben stehenden finden Sie außerdem im letzten Kapitel noch eine große Sammlung. Gläubige Menschen wählen vielleicht auch einen religiösen Gedanken.

Witwer an Nachbarin

Liebe Frau Werner,

für die Anteilnahme an meinem Schmerz über den Tod meiner lieben Frau möchte ich mich herzlich bei Ihnen bedanken. Durch Ihre trostreichen Zeilen und Ihren persönlichen Zuspruch haben Sie mir die schweren Stunden etwas erleichtert.
Es tut gut zu wissen, dass man nicht alleine ist.

In Dankbarkeit
Erwin Schmittbauer

Nach Tod der Mutter an den Nachbarn

Sehr geehrter Herr Lenz,

Dank möchten wir allen sagen, die unserer lieben Mutter im Leben Zuneigung und Freundschaft schenkten, sie im Tod ehrten und uns in stiller Verbundenheit ihre Anteilnahme erwiesen haben.

In Dankbarkeit
Irene Winkler

Witwe an Bekannten

Lieber Herr Schirmer,

danke für Ihren lieben Zuspruch.
Ich denke immer, mein geliebter Mann ist nicht von mir,
sondern mir lediglich vorausgegangen.
Dafür, dass ich so viele glückliche Jahre mit ihm verbringen durfte, danke ich Gott jeden Tag.

Ihre Agnes Münch

Witwer an Bekannte der verstorbenen Ehefrau

Sehr geehrte Frau Fischer,

Ihre trostreichen Worte zum Tod meiner lieben Frau haben mir sehr wohl getan. Ich danke Ihnen dafür von Herzen. Nicht nur der Mensch, mit dem ich mein Leben geteilt habe, ist von mir gegangen. Meine Kinder haben auch ihre Mutter verloren, sodass ich nun ganz alleine die Verantwortung für sie trage.
Ich danke Ihnen für die Hilfsbereitschaft, die Sie mir entgegenbrachten.

Ihr Ludwig Gruber

Witwe an Familie und Freunde

Liebe Verwandte, liebe Freunde,

aus traurigem Anlass sitze ich hier und verfasse ein Dankschreiben. Schwer ist mir ums Herz: Wir haben einen wertvollen, lieben und verständnisvollen Menschen verloren. Schwer war sein Leiden, schwer war sein Sterben. Deshalb möchte ich, die ich die letzten Stunden mit unserem lieben Guido zugebracht habe, euch allen danken.

Danken für eure Liebe, die ihr Guido erwiesen habt; danken für eure Anteilnahme und Trauer, die ihr bei der schlimmen Nachricht von seinem Tod empfunden habt. Während der langen Zeit, die wir zwischen Bangen und Hoffen, Angst, Ungewissheit und Freude über eine kleine Besserung seines Gesundheitszustandes verbracht haben, habt ihr alle Guido bewiesen, dass ihr echte Freunde seid. Keiner von euch wandte sich ab von seinem Leid, als diese heimtückische Krankheit sein Gesicht zeichnete, keiner von euch ließ Guido im Stich, wenn er jemanden brauchte, wenn er mit jemandem sprechen wollte. Auch er ist uns ja stets ein guter und treuer Freund gewesen, auf den immer Verlass war und der sein Leben gern und in vollen Zügen genoss. Noch als es darum ging, Abschied zu nehmen von der Welt, von den Freunden, von der Familie, die er doch alle so sehr liebte, lächelte er tapfer, um uns sein großes Leid nicht zu offenbaren.

Mögen unserem Guido auch jetzt, im Jenseits, Harmonie, Ruhe und Frieden beschieden sein.

Danke für eure Hilfe in einer schweren Zeit.

Hildegard

Eltern an Freundin der verstorbenen Tochter

Liebe Tanja,

leider konnten wir Sie nach der Beerdigung unserer Anne nicht mehr persönlich sprechen, um Ihnen zu danken für Ihre Anteilnahme und Ihr Mitgefühl. Sie verstehen sicher, welch schweren Verlust wir nun verschmerzen müssen. Anne war ja mit Ihnen seit vielen Jahren befreundet – und wir wissen, dass auch Sie trauern. Ihre Anwesenheit auf der Beerdigung, Ihre herzergreifenden Worte bei der Trau-

erfeier haben uns sehr geholfen, mit unserem Leid besser umzugehen. Dafür und für Ihre Freundschaft zu unserer Anne danken wir Ihnen ganz herzlich.

Ihre Familie Hofer

Nichte an Onkel nach dem Tode des Großvaters

Lieber Onkel Wolfgang,

es tut uns sehr Leid, dass du wegen deiner Krankheit nicht an Opas Beerdigung teilnehmen konntest. Wir möchten dir aber für deine lieben Worte danken, mit denen du uns dein Mitgefühl und deine Trauer übermittelt hast.
Opas Tod bedeutet einen großen Einschnitt in unserem Leben – doch wir trösten uns damit, dass er ein hohes Alter im Kreise seiner Lieben erreichen durfte, dass er ein wirklich erfülltes Leben hatte, dass er stets wusste, wie sehr wir an ihm hingen, und dass er friedlich und ohne große Schmerzen eingeschlafen ist. Nun hoffen wir auf die Zukunft und wünschen dir, lieber Onkel Wolfgang, alles Liebe und gute Besserung.

Anja

Witwer an die Schwägerin

Liebe Martina,

vielen Dank für deinen lieben Brief, der mir in den Stunden des größten Schmerzes um meine liebe Frau so viel Trost gab. Ich weiß, wie sehr deine Worte aus dem Herzen kamen – du selbst musstest ja schon Ähnliches durchstehen. Nicht nur du, auch ich bin traurig, dass du wegen deines Auslandsaufenthaltes zu spät vom Tod meiner lieben Christine erfahren hast, um noch rechtzeitig zur Beerdigung hier zu sein.

Doch es hat mir sehr geholfen zu wissen, dass deine Gedanken bei mir sind, dass du deine Schwester ebenso vermissen wirst wie ich. Wir alle würden uns freuen, wenn du bald einmal Gast bei uns wärst – dann könnten wir gemeinsam noch einmal unserer lieben Johanna gedenken.

Mit stillem Gruß
Arthur

Eltern nach dem Tode eines Kindes an Familie und Freunde

Liebe Familie, liebe Freunde,

wie sehr waren wir in den letzten schweren Tagen und Wochen auf die Hilfe und den Zuspruch von euch allen angewiesen. Für dieses »Dasein« sind wir heute noch unendlich dankbar. Doch nicht nur die persönlichen Begegnungen mit euch haben uns geholfen, sondern auch all die Briefe und Karten, die wir täglich in unserem Briefkasten fanden. Jeder Brief, jede Zeile ließ uns spüren, dass wir nicht allein sind und dass wir gesehen werden in unserem Schmerz.

Alle Briefe haben wir aufbewahrt. Sie sind wichtig für uns, wir erfahren immer wieder Trost aus ihnen. Die Verbundenheit und das Wissen um unseren Schmerz gab uns das wichtige Gefühl, nicht alleine zu sein. Die Zeichen von Mitgefühl und Wärme lindern unser Leid. Gut getan haben uns die Gedichte, die manchmal hinzugefügt waren. Man spürt den Aufwand, die Mühe und das persönliche Mitgefühl aus vielen dieser Briefe, selbst wenn manchmal nur wenige Worte darin stehen. Aber auch hier spürten wir die gute Absicht und die Hilflosigkeit der Menschen.

Eure Renate und Jürgen

KAPITEL 8

Zitate

Ob für Trauerbrief und Todesanzeige, für Kondolenz-schreiben, Trauerrede oder Danksagung: Ein Zitat kann Ihnen das Schreiben erleichtern. Weil eben die Gedanken, Gedichte oder Aphorismen vielleicht gerade das ausdrücken, was Sie empfinden und vermitteln möchten. Hier in diesem Kapitel finden Sie eine ganze Reihe an Zitaten, die Ihnen vielleicht weiterhelfen.

Bibelzitate

Viele Menschen sind geneigt, in einem Kondolenzschreiben Bibelzitate oder fromme Sprüche zu verwenden. Dagegen ist nichts einzuwenden, wenn Sie sicher wissen, dass die Trauernden religiös sind. Neben vielen anderen sind die folgenden Bibelzitate für den Trauerfall geeignet:

- *Die Tage deines Leidens sollen ein Ende haben.*
  (JESAJA 60,20)

- *Dein Wort ist meines Herzens Freude und Trost.*
  (JEREMIA, 15,16)

■ *Unser Leben auf Erden ist wie ein Schatten und bleibet nicht.*
(Chronik 29,15)

■ *Heute wirst du mit mir im Paradies sein.*
(Lukas 23,43)

■ *Fürchte dich nicht, denn ich habe dich erlöst, ich habe dich bei deinem Namen gerufen, du bist mein!*
(Jesaja 43,1)

■ *Selig die Toten, die im Herrn sterben von nun an. Ja, spricht der Geist, sie sollen ruhen von ihrer Mühsal, denn ihre Werke folgen ihnen nach.*
(Offenbarung 14,13)

■ *Ein jegliches hat seine Zeit, und alles Vorhaben unter dem Himmel hat seine Stunde: geboren werden hat seine Zeit, sterben hat seine Zeit, pflanzen hat seine Zeit, ausreißen, was gepflanzt ist, hat seine Zeit, töten hat seine Zeit, heilen hat seine Zeit, abbrechen hat seine Zeit, bauen hat seine Zeit, weinen hat seine Zeit, lachen hat seine Zeit, klagen hat seine Zeit, tanzen hat seine Zeit.*
(Prediger 3,1–7)

■ *Der Gottlose besteht nicht in seinem Unglück, aber der Gerechte ist auch in seinem Tode getrost.*
(Sprüche 14,32)

■ *Und ob ich schon wanderte im finsteren Tal, fürchte ich kein Unglück, denn Du bist bei mir; Dein Stecken und Stab trösten mich.*
(Psalme 23,4)

■ *Der Herr hat's gegeben, der Herr hat's genommen; der Name des Herrn sei gelobt!*
(Hiob 1, 21)

Zitate von der Antike bis heute

Die nachfolgenden Zitate entstammen allen möglichen
Quellen, von der Antike bis zu unserer modernen Zeit.
Auch sie vermögen es – im passenden Kontext, zusammen
mit Ihren eigenen Worten –, Trost zu spenden.

▨ *Beweinet den, der leidet, nicht den, der scheidet!*
(TALMUD)

▨ *Siehe, da weinen die Götter, es weinen die Göttinnen
alle, dass das Schöne vergeht, dass das Vollkommene
stirbt. Auch ein Klaglied zu sein im Mund der Geliebten ist herrlich; denn das Gemeine geht klanglos zum
Orkus hinab.*
(FRIEDRICH VON SCHILLER)

▨ *Rasch tritt der Tod den Menschen an. Es ist ihm keine
Frist gegeben.*
(FRIEDRICH VON SCHILLER)

▨ *Mich lässt der Gedanke an den Tod in völliger Ruhe,
denn ich habe die feste Überzeugung, dass der Geist ein
Wesen ist ganz unzerstörbarer Natur.*
(JOHANN WOLFGANG VON GOETHE)

▨ *Uns lehrt eigener Schmerz, der andern Schmerzen zu
teilen.*
(JOHANN WOLFGANG VON GOETHE)

▨ *Ich bin bei dir, du seiest auch noch so ferne, du bist mir
nah! Die Sonne sinkt, bald leuchten mir die Sterne.
O wärst du da!*
(JOHANN WOLFGANG VON GOETHE)

▨ *Sie ist nun frei, und unsere Tränen wünschen ihr Glück.*
(JOHANN WOLFGANG VON GOETHE)

- *Ein ewig Rätsel ist das Leben, und ein Geheimnis bleibt der Tod.*
  (EMANUEL GEIBEL)

- *Wir sollen die Liebe, welche wir den Toten mit ins Grab geben, nicht den Lebenden entziehen.*
  (WILHELM RAABE)

- *Den Tod fürchten die am wenigsten, deren Leben am meisten Wert hat.*
  (IMMANUEL KANT)

- *Wer im Gedächtnis seiner Lieben lebt, der ist nicht tot, der ist nur fern; tot ist nur, wer vergessen wird.*
  (IMMANUEL KANT)

- *Wenn man das Dasein als Aufgabe betrachtet, dann vermag man es immer zu ertragen.*
  (MARIE VON EBNER-ESCHENBACH)

- *Wenn durch einen Menschen ein wenig mehr Liebe und Güte, ein wenig mehr Licht und Wahrheit in der Welt war, dann hat sein Leben einen Sinn gehabt. So will ich warten auf das neue Leben und ohne Angst und Verzagen verblüh'n.*
  (MARIE VON EBNER-ESCHENBACH)

- *Wer sich mit Liebe wappnet, überwindet Zorn, Elend, Übermacht und Missgeschick.*
  (MICHELANGELO BUONARROTI)

- *Der Schmerz ist ein heiliger Engel. Und durch ihn sind die Menschen größer geworden als durch alle Freuden der Welt.*
  (ADALBERT STIFTER)

- *Schmerz und Freude liegen in einer Schale; ihre Mischung ist des Menschen Los.*
  (JOHANN GOTTFRIED SEUME)

■ *Trotz allem Freundeswort und Mitgefühlsgebärden bleibt jeder tiefe Schmerz ein Eremit auf Erden.*
(Nikolaus Lenau)

■ *Trauernde sind überall sich verwandt.*
(Franz Grillparzer)

■ *Wenn etwas gewaltiger ist als das Schicksal, so ist es der Mut, der es unerschüttert trägt.*
(Emanuel Geibel)

■ *Weine dich aus im Schmerz! Dann greif entschlossen zur Arbeit! Was die Träne nicht löst, löst, dich erquickend, der Schweiß.*
(Emanuel Geibel)

■ *Von guten Mächten wunderbar geborgen, erwarten wir getrost, was kommen mag; Gott sei mit uns am Abend und am Morgen, und ganz gewiss an jedem neuen Tag.*
(Dietrich Bonhoeffer)

■ *Wenn jemand stirbt, nicht das allein ist Tod. Tod ist, wenn jemand lebt und es nicht weiß.*
(Rainer Maria Rilke)

■ *Denn wir sind nur die Schale und das Blatt: Der große Tod, den jeder in sich hat, das ist die Furcht, um die sich alles dreht.*
(Rainer Maria Rilke)

■ *Herr, gib jedem seinen eignen Tod. Das Sterben, das aus jenem Leben geht, darin er Liebe hatte, Sinn und Not.*
(Rainer Maria Rilke)

■ *Wenn du an mich denkst, erinnere dich an die Stunde, in welcher du mich am liebsten hattest.*
(Rainer Maria Rilke)

■ *Nur durch die Liebe und den Tod berührt der Mensch das Unendliche.*
(ALEXANDRE DUMAS D.J.)

■ *Aller Tod in der Natur ist Geburt, gerade im Sterben erscheint sichtbar die Erhöhung des Lebens.*
(JOHANN GOTTLIEB FICHTE)

■ *Das, was wir Tod nennen, ist in Wahrheit der Anfang des Lebens.*
(THOMAS CARLYLE)

■ *Ein guter edler Mensch, der mit uns gelebt hat, kann uns nicht genommen werden; er lässt eine leuchtende Spur zurück gleich jenen erloschenen Sternen, deren Bild noch nach Jahrhunderten die Erdbewohner sehen.*
(THOMAS CARLYLE)

■ *Denn die Liebe verlieren: Das ist dein Tod.*
(AURELIUS AUGUSTINUS)

■ *Im Auge scheint es mir, es seien nur drei Dinge, die mich noch bewegen können: Angst vor dem Verlust derer, die ich liebe, Angst vor Schmerz, Angst vor dem Tod.*
(AURELIUS AUGUSTINUS)

■ *Der Tod, den die Menschen fürchten, ist die Trennung der Seele vom Körper. Den Tod aber, den die Menschen nicht fürchten, ist die Trennung von Gott.*
(AURELIUS AUGUSTINUS)

■ *Der Tod ist nicht für schlimm zu achten, dem ein gutes Leben vorangegangen.*
(AURELIUS AUGUSTINUS)

■ *Unsere Toten sind nicht abwesend, sondern nur unsichtbar. Sie schauen mit ihren Augen voller Licht in unsere Augen voller Trauer.*
(AURELIUS AUGUSTINUS)

■ *Ach, es ist so dunkel in des Todes Kammer,/tönt so trau-*
rig, wenn es sich bewegt,/und nun aufhebt seinen schwe-
ren Hammer/und die Stunde schlägt.
(MATTHIAS CLAUDIUS)

■ *Trennung ist wohl Tod zu nennen, denn wer weiß, wohin*
wir geh'n, Tod ist nur ein kurzes Trennen auf ein baldig
Wiederseh'n.
(JOSEPH FREIHERR VON EICHENDORFF)

■ *Und meine Seele spannte weit ihre Flügel aus. Flog durch*
die stillen Lande, als flöge sie nach Haus.
(JOSEPH FREIHERR VON EICHENDORFF)

■ *Tu ne cede malis, sed contra audentior ito! – Weiche dem*
Unheil nicht, sondern mutiger geh ihm entgegen!
(VERGIL)

■ *Mors laborum ac miseriarum quies est. – Der Tod ist ein*
Ausruhen von Mühe und Elend.
(MARCUS TULLIUS CICERO)

■ *Der Tod ist nichts Schreckliches. Nur die fürchterliche*
Vorstellung vom Tode macht ihn furchtbar.
(EPIKTET)

■ *Niemand weiß, was der Tod ist, ob er nicht für den Men-*
schen das größte ist unter allen Gütern.
(PLATON)

■ *Niemand kennt den Tod, es weiß auch keiner, ob er nicht*
das größte Geschenk für den Menschen ist. Dennoch
wird er gefürchtet, als wäre es gewiss, dass er das
schlimmste aller Übel sei.
(SOKRATES)

■ *Und wenn nun keinerlei Empfindung mehr vorhanden*
ist, sondern eine Art Schlaf, worin der Schlummernde

keinerlei Träume hat, dann wäre der Tod ein wunderbarer Gewinn.
(SOKRATES)

■ Der Tod ist kein Untergang, sondern ein Übergang: vom Erdenwanderweg hinein in die Ewigkeit.
(THASCIUS CAECILIUS CYPRIANUS)

■ Der Tod ist kein Abschnitt des Daseins, sondern nur ein Zwischenereignis, ein Übergang aus einer Form des endlichen Wesens in eine andere.
(KARL WILHELM FREIHERR VON HUMBOLDT)

■ Liebe ist Vorwegnahme des Endes im Anfang, daher Sieg über das Vergehen, über die Zeit, also über den Tod.
(HUGO VON HOFMANNSTHAL)

■ Wer weint, vermindert seines Grames Tiefe.
(WILLIAM SHAKESPEARE)

■ Leid steckt an: Denn meine Augen, da sie des Grames Perlen sah'n in deinen, begannen sie zu fließen.
(WILLIAM SHAKESPEARE)

■ Wir sind vom gleichen Stoff, aus dem die Träume sind, und unser kurzes Leben ist eingebettet in einen langen Schlaf.
(WILLIAM SHAKESPEARE)

■ Selig, wem die Träne rinnt, dicht, wie Regentropfen fallen. Ungeweinte Tränen sind wohl die schmerzlichsten von allen.
(ROBERT PRUTZ)

■ Einschlafen dürfen, wenn man müde ist, und eine Last fallen lassen dürfen, die man sehr lange getragen hat, das ist eine köstliche, eine wunderbare Sache.
(HERMANN HESSE)

■ *Ich glaube, dass, wenn der Tod unsere Augen schließt, wir in einem Lichte steh'n, von welchem unser Sonnenlicht nur der Schatten ist.*
(ARTHUR SCHOPENHAUER)

■ *Meistens belehrt erst der Verlust uns über den Wert der Dinge.*
(ARTHUR SCHOPENHAUER)

■ *Nichts ist gewisser als der Tod, nichts ist ungewisser als seine Stunde.*
(ANSELM VON CANTERBURY)

■ *Der Tod ist ein Bote des Lebens, und dass wir jetzt schlafen, das zeugt vom nahen gesunden Erwachen. Sterblichkeit ist Schein, ist wie die Farben, die vor unserem Auge zittern, wenn es lange in die Sonne sieht.*
(FRIEDRICH HÖLDERLIN)

■ *Lern in der Zeit dein Urbild finden, geht dem Leben Hand in Hand, es gilt den Stoff zu überwinden, Tod ist des Lebens höchstes Unterpfand.*
(RICHARD DEHMEL)

■ *Aus der Enge in die Weite drängt die Seele, lockt das Leben. O entfalte, Herz, dein Streben, eh's der Tod ins All befreite!*
(RICHARD DEHMEL)

■ *Je schöner und voller die Erinnerung, desto schwerer die Trennung. Aber die Dankbarkeit verwandelt die Erinnerung in stille Freude. Man trägt das vergangene Schöne nicht wie einen Stachel, sondern wie ein kostbares Geschenk in sich.*
(DIETRICH BONHOEFFER)

■ *Unter allen Leidenschaften der Seele bringt die Trauer am meisten Schaden für den Leib.*
(THOMAS VON AQUIN)

■ *Stat sua cuique dies. – Jedem steht sein Tag bevor.*
(VERGIL)

■ *Aller Menschen harrt der Tod, und keinen gibt's auf Erden, der untrüglich weiß, ob ihn der nächste Morgen noch am Leben trifft.*
(EURIPIDES)

■ *Die Erde sei dir leicht.*
(EURIPIDES)

■ *Wer weiß denn, ob, was man Sterben nennt, nicht Leben ist, und Leben Sterben? Denn die Menschen, die das Licht noch schauen, leiden; aber die Gestorbenen, die leiden nicht mehr, sie sind frei von aller Pein.*
(EURIPIDES)

■ *Quem di diligunt, adolescens moritur. – Jung stirbt, wen die Götter lieben.*
(MENANDER/PLAUTUS)

■ *Wer sterben gelernt hat, hört auf, ein Knecht zu sein.*
(EPIKUR)

■ *Richte dein Streben dahin, dass der Name des Todes seinen Schrecken für dich verliert. Mach ihn dir durch häufiges Nachdenken vertraut, damit du, wenn es die Umstände fordern, ihm sogar entgegengehen kannst.*
(LUCIUS ANNAEUS SENECA)

■ *Das Schicksal nimmt nichts, was es nicht gegeben hat.*
(LUCIUS ANNAEUS SENECA)

- *Mortem effugere nemo potest. – Dem Tod kann niemand entgehen.*
(MARCUS TULLIUS CICERO)

- *Darin täuschen wir uns, dass wir den Tod immer nur vor uns sehen; ein großer Teil von ihm liegt schon hinter uns; die ganze Zeit, die wir bisher durchlebten, hat der Tod schon.*
(LUCIUS ANNAEUS SENECA DER JÜNGERE)

- *Niemand kennt den Tod, und niemand weiß, ob er für den Menschen nicht das allergrößte Glück ist.*
(SOKRATES)

- *Sterben ist das Auslöschen der Lampe im Morgenlicht. Nicht das Verlöschen der Sonne.*
(RABINDRANATH TAGORE)

- *Das Leben ist ein Geschenk, das wir verdienen, indem wir es hingeben.*
(RABINDRANATH TAGORE)

- *Für mich ist die größte Entfaltung menschlichen Lebens, in Frieden und Würde zu sterben, denn das ist die Ewigkeit.*
(MUTTER TERESA)

- *Ich hoffe auf das Licht, das nach der Dunkelheit kommen wird.*
(M. DE CERVANTES)

- *Wie wenn das Leben wär nichts andres als das Verbrennen eines Lichts! Verloren geht kein einzig Teilchen, jedoch wir selber geh'n ins Nichts!/Denn was wir Leib und Seele nennen, so fest in eins gestaltet kaum, es löst sich auf in tausend Teilchen und wimmelt durch den öden Raum./Es waltet stets dasselbe Leben. Natur geht*

167

ihren ew'gen Lauf; in tausend neu erschaffnen Wesen
steh'n diese tausend Teilchen auf.
(THEODOR STORM)

- *Es ist ein glücklicher Teil unseres Lebens, dass wir sterben dürfen. Es geht ja nichts verloren. Alles, was wir gedacht und versucht haben, lebt in anderen weiter.*
(DIETMAR SCHÖNHERR)

- *Wenn du von uns gehst, irgendwann oder morgen, sind deine Spuren gesät. Verborgen noch im Geflüster der Knospen wiegen sie das Geheimnis der Frucht und wurzeln tiefer Jahr um Jahr.*
(ANGELIKA ZÖLLNER)

- *Es heißt nicht sterben, lebt man in den Herzen der Menschen fort, die man verlassen muss.*
(SAMUEL SMILES)

- *Von Gott kommt alles her, der lässt auch im Sterben die seinen nicht verderben; sein' Hand ist nicht zu schwer.*
(JOHANN VON RIST)

- *Eines Tages ging ich zur welken Rose hin, die Sonne strich sanft über ihre schon weichen und welken Blätter – und ich sah, dass sie bald sterben würde. »Hast du Angst vor dem Tod?«, fragte ich sie. Darauf antwortete sie: »Aber nein! Ich habe doch gelebt, ich habe geblüht und meine Kräfte eingesetzt, so viel ich konnte. Kann man mehr von mir verlangen?«*
(RUDOLF LEONHARD)

- *Wir trennen uns nur, um inniger einig zu sein, göttlicher friedlich mit allem, mit uns. Wir sterben, um zu leben.*
(FRIEDRICH HÖLDERLIN)

■ *Der Tod ist uns so nahe, dass sein Schatten stets auf uns fällt.*
(JOHANN GEILER VON KAYSERSBERG)

■ *Es ist ungewiss, wo uns der Tod erwartet. Erwarten wir ihn überall!*
(MICHEL EYQUEM DE MONTAIGNE)

■ *Der Tod hat keine Bedeutung – ich bin nur nach nebenan gegangen. Ich bleibe, wer ich bin. Und auch ihr bleibt dieselben. Was wir einander bedeuten, bleibt bestehen. Nennt mich mit einem vertrauten Namen, sprecht in der gewohnten Weise mit mir und ändert euren Tonfall nicht! Hüllt euch nicht in Mäntel aus Schweigen und Kummer – lacht wie immer über die kleinen Scherze, die wir teilten. Wenn ihr von mir sprecht, so tut es ohne Reue und ohne jegliche Traurigkeit. Leben bedeutet immer Leben – es bleibt bestehen – immer – ohne Unterbrechung. Ihr seht mich nicht, aber in Gedanken bin ich bei euch. Ich warte eine Zeit lang auf euch – Irgendwo, ganz in der Nähe – Nur ein paar Straßen weiter.*
(HENRY SCOTT HOLLAND)

■ *Das ist der einzige Trost, den man hat, kurz vor dem Ende. Der Trost, dass es kein weggeschmissenes Leben war.*
(HANNS JOACHIM FRIEDRICHS)

■ *Es schickt sich nicht für euch, dass ihr euch betrübt, da der Schöpfer mit seinem Geschöpf ohne unseren Willen tun kann und muss, was seiner Güte gefällt. Gottes Wirken an uns und für uns muss unser Trost sein, zumal wir seine Geschöpfe sind.*
(HEDWIG DIE HEILIGE BEIM TODE IHRES MANNES HERZOG HEINRICH)

■ *Niemand, den man liebt, ist jemals tot.*
  (ERNEST HEMINGWAY)

■ *Nur wenige Menschen sind wirklich lebendig. Und die, die es sind, sterben nie. Es zählt nicht, dass sie nicht mehr da sind. Niemand, den man wirklich liebt, ist jemals tot.*
  (ERNEST HEMINGWAY)

■ *Du steigst den Berg hinauf/Lilien begegnen dir/dein Weg ist zu Ende/du bist erlöst*
  (HEIDRUN-AURO BRENJO)

■ *Ich habe viele Jahre lang den Tod erforscht, und ich habe nicht den Schatten eines Zweifels, dass er wundervoll sein wird. Keine Schmerzen, keine Wut, keine Einsamkeit mehr ...*
  (ELISABETH KÜBLER-ROSS)

■ *Ich weiß nicht, wohin ich gehe, aber ich gehe nicht ohne Hoffnung.*
  (HANS-JOACHIM KULENKAMPFF)

■ *Ich habe keine Angst vor dem Tod. Ich bin sicher, von hier gehen wir in eine andere Welt.*
  (ANTHONY QUINN)

■ *Für einen Vater, dessen Kind stirbt, stirbt die Zukunft. Für ein Kind, dessen Eltern sterben, stirbt die Vergangenheit.*
  (BERTHOLD AUERBACH)

■ *Unser Leben ist der Fluss, der sich ins Meer ergießt, das Sterben heißt.*
  (FEDERICO GARCÍA LORCA)

- *Niemals geht man so ganz, irgendwas von mir bleibt hier, es hat seinen Platz immer bei dir.*
  (TRUDE HERR)

- *Du warst mein Papa. Papa, ich vergess dich nicht. Wenn mein Glücksstern sinkt, nichts mehr gelingt, seh' ich im Nebel dein Gesicht.*
  (TRUDE HERR)

- *Das Leben ist eine Reise mit einem Anfang und einem Ende.*
  (HUSSEIN II. IBN TALAL, KÖNIG VON JORDANIEN)

- *Wie groß ein Baum war, lässt sich erst messen, wenn er gefällt ist.*
  (INDIANISCHES SPRICHWORT)

- *Wenn ich tot bin, weint um mich ein wenig. Denkt an mich manchmal, doch nicht zu oft. Denkt ab und zu an mich, wie ich im Leben war. Mitunter macht es Spaß, sich zu erinnern, jedoch nur kurz. Lasst ihr mich in Frieden, lass ich euch in Frieden. Und solange ihr am Leben seid, sollen eure Gedanken bei den Lebenden sein.*
  (INDIANISCHES GEBET)

- *Das Quellwasser ist Symbol des Lebens, das Meerwasser Symbol des Todes.*
  (KATECHISMUS DER KATHOLISCHEN KIRCHE)

- *Diejenigen, die gehen, fühlen nicht den Schmerz des Abschieds. Der Zurückbleibende leidet.*
  (HENRY WADSWORTH LONGFELLOW)

- *Ein Mensch wird nicht sterben, solange ein anderer sein Bild im Herzen trägt.*
  (UNBEKANNTER VERFASSER)

■ *Vielleicht ist es kein Weggehen, sondern Zurückgehen? Sind wir nicht unterwegs mit ungenauem Ziel und unbekannter Ankunftszeit, mit Heimweh im Gepäck? Wohin denn sollten wir gehen, wenn nicht nach Hause zurück?*
(ANNE STEINWART)

■ *Die Tragödie besteht meistens im Weiterleben, nicht im Sterben.*
(GIAN CARLO MENOTTI)

■ *Bei jedem Abschied stirbt ein Stück Gegenwart in uns und wird Vergangenheit. Doch unsere Seele weiß, wie man das Glück bewahrt in der Erinnerung und so ihm eine Zukunft gibt, die ohne Ende ist.*
(UNBEKANNTER VERFASSER)

■ *Weint nicht an meinem Grab um mich. Ich bin nicht dort. Ich schlafe nicht. Ich bin die Winde, die da weh'n, Kristallgeglitzer auf dem Schnee. Ich bin die Sonne auf Ährengold. Ich bin der Regen, herbstlich hold ... Steht nicht am Grab, die Augen rot, ich bin nicht dort. Ich bin nicht tot!*
(EVA SHURMAN)

■ *Der Anfang, das Ende, o Herr, sie sind Dein, die Spanne dazwischen, das Leben war mein. Und irrt ich im Dunkeln und fand mich nicht aus – Bei Dir, Herr, ist Klarheit, und licht ist Dein Haus.*
(FRITZ REUTER)

■ *Es war, als ob die Zukunft starb ...*
(GLORIA STEINEM ZUM TODE VON JOHN F. KENNEDY)

■ *Ich habe immer gedacht, das Schlimmste sei, wenn man körperlich hinfällig ist ... Aber das Allerschlimmste, und das wusste ich früher nicht, ist, wenn die Freunde sterben.*
(MICHEL TOURNIER)

■ *Unsere Lieben wachsen, wenn sie gegangen sind, in uns hinein, werden Teil von uns, geben uns ihre Liebe und Kraft. Und am Ende bewahren wir sie unsichtbar in uns.*
(UNBEKANNTER VERFASSER)

■ *Nur durch die Liebe und den Tod berührt der Mensch das Unendliche.*
(ALEXANDRE DUMAS D.J.)

■ *Der Tod ist die uns zugewandte Seite jenes Ganzen, dessen andere Seite Auferstehung heißt.*
(ROMANO GUARDINI)

■ *Gewöhne dich, da stets der Tod dir dräut, dankbar zu nehmen, was das Leben beut.*
(FRIEDRICH MARTIN VON BODENSTEDT)

■ *Der Tod ist nichts anderes als eine Opfergabe an die Zeit.*
(TRUMAN CAPOTE)

■ *Das, was wir Tod nennen, ist in Wahrheit der Anfang des Lebens.*
(THOMAS CARLYLE)

■ *Abschied nehmen von einem Freund, das ist einer der tausend Tode. Aber wer an seine Arbeit geht, weint nicht, wenn es eine Arbeit ist von der Art, dass Menschen darüber reden.*
(ROSEMARIE SCHUDER)

■ *Wäre der Tod nicht, es würde keiner das Leben schätzen. Man hätte vielleicht nicht einmal einen Namen dafür.*
(JAKOB BOßHART)

■ *Ist der Tod nur ein Schlaf, wie kann dich das Sterben schrecken? Hast du es je noch gespürt, wenn du des Abends entschliefst?*
(CHRISTIAN FRIEDRICH HEBBEL)

■ *Jeder Augenblick im Leben ist ein Schritt zum Tode hin.*
(Pierre Corneille)

■ *Das Leben währt ewig; und die Liebe ist unvergänglich; und der Tod ist nur ein Horizont; und ein Horizont stellt nichts weiter als die Begrenzung unseres Blickes dar.*
(Unbekannter Verfasser)

■ *Das Leben macht alle Menschen gleich: Der Tod offenbart die Herausragenden.*
(George Bernard Shaw)

■ *Das Leben ist eine Flamme, die sich selbst verzehrt; aber sie fängt jedes Mal wieder Feuer, sobald ein Kind geboren wird.*
(George Bernard Shaw)

■ *Der Tod ist eine Bruchstelle, kein Ende.*
(Ernst Jünger)

■ *Wir sind es gewohnt, den Tod, etwa durch Krankheit oder Unfall, als Ursache zu sehen, die das Leben beschließt. Das ist ein Irrtum; es ist vielmehr das Leben, das den Tod herbeiführt, wenn es in einen neuen Stand eintreten will.*
(Ernst Jünger)

■ *Der Tod ist der Punkt in der Grammatik des Lebens.*
(Zarko Petan)

■ *Das Wesen des Lebens liegt in der Bewegung, die es weiterpflanzt.*
(Henri-Louis Bergson)

■ *Tod ist vielleicht nur Aufwachen vom Leben.*
(Karl Lagerfeld)

■ *Das Rad der Zeit dreht der Tod.*
(Gisela Gräfin zu Solms-Wildenfels)

■ *Die Hoffnung ist der Regenbogen über den herabstürzenden Bach des Lebens.*
(FRIEDRICH NIETZSCHE)

■ *Das, wodurch alle Wesen verschieden sind, ist das Leben; das, worin sie alle gleich sind, ist der Tod.*
(YANG CHU)

■ *Der Mensch rechnet mit der Unsterblichkeit und vergisst dabei, mit dem Tod zu rechnen.*
(MILAN KUNDERA)

■ *Gott schauen ist Tod, das wussten alle Völker. Gott erraten ist Leben.*
(CHRISTIAN MORGENSTERN)

■ *Wahre Liebe ist zu weinen mit den Weinenden, zu lachen mit den Lachenden, zu trauern mit den Trauernden, sich zu freuen mit den Fröhlichen und zu leben mit den Lebendigen.*
(JOSÉ ORTEGA Y GASSET)

■ *Im Dunkel der Trauer um unsere Lieben ist die Erinnerung das Licht, das leuchtet und wärmt und tröstet.*
(IRMGARD ERATH)

■ *Trauer ist die einzig mögliche Antwort unseres Herzens auf den Tod eines geliebten Menschen.*
(IRMGARD ERATH)

■ *Wenn ihr euch in Wahrheit die Augen über den Geist des Todes öffnen wollt, so öffnet die Schleusen eures Herzens weit dem Leib des Lebens, denn Leben und Tod sind eines, wie es der Fluss und das Meer sind.*
(KHALIL GIBRAN)

■ *Das einzig Wichtige im Leben sind die Spuren von Liebe, die wir hinterlassen, wenn wir ungefragt weggehen und Abschied nehmen müssen.*
(ALBERT SCHWEITZER)

■ *Was ein Mensch an Gutem in die Welt hinausgibt, geht nicht verloren.*
(ALBERT SCHWEITZER)

■ *Ich bin von euch gegangen, nur für einen kurzen Augenblick und gar nicht weit. Wenn ihr dahin kommt, wohin ich gegangen bin, werdet ihr euch fragen, warum ihr geweint habt.*
(LAO-TSE)